my News explica!

Como ter dinheiro para a vida toda

Mara Luquet

70

MYNEWS EXPLICA COMO TER DINHEIRO PARA A VIDA TODA

AUTORA: Mara Luquet

DIRETOR DA ALMEDINA BRASIL: Rodrigo Mentz
EDITOR: Marco Pace
EDITOR DE DESENVOLVIMENTO: Rafael Lima
COORDENADORA DA COLEÇÃO MYNEWS EXPLICA: Mara Luquet
PRODUTORA EDITORIAL: Erika Alonso
ASSISTENTES EDITORIAIS: Letícia Gabriella Batista e Tacila Souza
ESTAGIÁRIA DE PRODUÇÃO: Natasha Oliveira
REVISÃO: Tereza Gouveia

DIAGRAMAÇÃO: Almedina
DESIGN DE CAPA: Roberta Bassanetto
IMAGEM DE CAPA: Julio Souza

ISBN: 9786554272087
Novembro, 2023

Dados Internacionais de Catalogação na Publicação (CIP)
(Câmara Brasileira do Livro, SP, Brasil)

Luquet, Mara
MyNews Explica! Como ter dinheiro para a vida toda
Mara Luquet. – São Paulo : Edições 70, 2023.

ISBN 978-65-5427-208-7

1. Dinheiro – Administração 2. Educação financeira
3. Finanças pessoais 4. Investimentos – Gestão
I. Título.

23-179066 CDD-332.678

Índices para catálogo sistemático:

1. Dinheiro : Administração : Economia 332.678

Eliane de Freitas Leite – Bibliotecária – CRB 8/8415

Este livro segue as regras do novo Acordo Ortográfico da Língua Portuguesa (1990).

EDITORA: Almedina Brasil
Rua José Maria Lisboa, 860, Conj. 131 e 132, Jardim Paulista | 01423-001 São Paulo | Brasil
www.almedina.com.br

Para o Newton,

companheiro e parceiro deste e de todos os livros. A pessoa com quem converso sobre previdência desde os nossos 20 e poucos anos. Certamente, com quem mais aprendo e a quem mais ensino sobre o tema. A minha gratidão, carinho e amor, que vão muito além da aposentadoria.

Sumário

Prefácio 9

Capítulo 1
Você tem medo do quê? 13

Capítulo 2
Dias melhores virão 23

Capítulo 3
O melhor investimento 35

Capítulo 4
Precisamos falar sobre o INSS 43

Capítulo 5
Inflação, o grande inimigo 53

Capítulo 6
Faça as pazes com a Receita Federal 57

Capítulo 7
A previdência complementar 69

Capítulo 8
Os fundos de pensão 89

Capítulo 9
Um plano de saúde para chamar de seu 105

Capítulo 10
Comece já 111

Referências bibliográficas 121

Prefácio

É muito gratificante escrever o prefácio de um livro como este. Primeiro, pela admiração que tenho pela Mara Luquet e a trajetória profissional que ela construiu. Segundo, pela relevância do conteúdo que os leitores encontrarão nestas páginas.

Conheci Mara na década de 1990, quando ela trabalhava na saudosa *Gazeta Mercantil*, o mais importante jornal de economia e finanças do Brasil durante muitos anos. Eu havia saído do Unibanco e trabalhava no escritório da Schroders no Brasil. Não me lembro como ela me contactou, mas desde o início tivemos muita facilidade para trocar ideias. Depois, ela seguiu para o jornal *Valor Econômico*, onde era editora de investimentos e tinha uma coluna diária sobre o mercado de capitais. Na época, me lembro de ficar admirado com sua capacidade de encontrar assuntos para escrever diariamente, sempre com fluência, bom humor e qualidade técnica, sem nunca distorcer nossa opinião, nem se equivocar sobre o que discutíamos.

Foi essa capacidade em tratar assuntos complexos de modo objetiva e agradável, mas de maneira tecnicamente correta, que levou a Vivest, o fundo de pensão que tenho orgulho de presidir, a fazer uma parceria com o canal My News para a formatação do nosso programa de educação financeira – o que acreditamos que seja um pilar tão importante de conscientização, preparação para o futuro e promoção de bem-estar para as pessoas –, que precisa ser disseminado não apenas para nossos participantes, mas para um público que vai além dos limites da nossa organização. E é essa habilidade da Mara e do My News que poderiam nos ajudar nesse propósito.

A partir dessa parceria, durante o ano de 2023, Mara realizou dezenas de entrevistas com nosso corpo técnico, divulgadas no seu canal e nos nossos também, facilitando a compreensão dos assuntos ligados à economia, finanças e previdência – não só para nosso público, como para qualquer interessado que navegasse pela imensidão do mundo *on-line*. A habilidade de traduzir as recomendações para o público, garantindo leveza aos temas mais complexos, está alinhada ao modelo de comunicação que implementamos na Vivest, que preza pela clareza, simplicidade e transparência.

Tenho certeza de que *My News Explica Como ter dinheiro para a vida toda* será muito útil para o grande público, que nos últimos anos vem sendo inundado com informações e recomendações sobre finanças e investimentos, mas, em muitos casos, não tem conhecimentos básicos para diferenciar opiniões legítimas e informações consistentes da simples propaganda.

Num mundo que vem sofrendo transformações muito rápidas e que impactam a preparação do futuro de cada um de nós, o que inclui a previdência –, este livro traz um roteiro de preocupações e iniciativas que todos deveriam ter em relação ao planejamento da sua vida financeira, envolvendo desde as opções de investimento para formação de poupança, a escolha da forma de aposentadoria e até mesmo o plano de saúde. Aliás, este último, uma preocupação crescente da classe média, dado o forte crescimento da inflação médica e que deve ser assunto cada vez mais recorrente na imprensa dedicada à área financeira. Foi bem oportuna a inclusão do tema neste livro.

E para lidar com esse mundo em constante transformação, é cada vez mais necessário investir em educação financeira – matéria que deveria ser ministrada desde o Ensino Fundamental. Já há muito tempo não é possível contar com longevidade no emprego, aposentadoria pública que mantenha o padrão de vida ou aposentadoria complementar vitalícia com valor definido. São situações cada vez menos frequentes, caminhando para serem raras exceções. Daí, a grande importância de fazer um planejamento financeiro o mais cedo possível, manter a disciplina na sua execução e se manter informado, por meio de fontes confiáveis, para fazer as necessárias correções de rumo ao longo da vida.

Este livro será um bom guia para quem quiser seguir essa trilha. Quanto mais cedo melhor, mas antes tarde do que nunca.

Aproveite a leitura!

WALTER MENDES

Presidente da Vivest – www.vivest.com.br

Capítulo 1
Você tem medo do quê?

Todo dia ele faz tudo sempre igual. E lá se vão mais de 30 anos. Já poderia se aposentar se quisesse e começar, finalmente, a fazer o que gosta. Morar na Europa, viajar, escrever. Nas últimas duas décadas, aprendeu com a mulher que tinha vocação para o ofício de escritor. Até poemas fez para ela.

Já completou 62 anos de idade e tinha direito adquirido quando veio a reforma da previdência, sem filhos, sem dívidas, com patrimônio suficiente para garantir uma boa previdência complementar, enfim, fez tudo certo.

Mas falta-lhe coragem. Tem medo de não ter dinheiro para viver bem o tanto que a revolução da longevidade lhe acena. E o noticiário de economia e finanças só o deixa cada vez mais assombrado.

Confessou, certa vez, que acha sua vida deprimente. Mas não tem coragem de mudar. Ele sonha diariamente em fazer o que gosta, como o narrador do romance *A Trégua*, do escritor uruguaio Mario Benedetti:

Só me faltam seis meses e 28 dias para estar em condições de me aposentar. Deve fazer pelo menos cinco anos que mantenho este cômputo diário do meu saldo de trabalho. Na verdade, preciso tanto assim do ócio? Digo a mim mesmo que não, que não é do ócio que preciso, mas do direito a trabalhar no que eu quiser.

Mas, diferentemente do narrador, parou de contar os dias que faltam para se aposentar. Tem dinheiro suficiente para fazer o que quiser, mas acha que precisará trabalhar no que não quer até morrer.

A cerca de 500 quilômetros de onde mora, vive um contemporâneo seu que se aposentou há dois anos. Não se conhecem, mas a coragem que falta em um sobra no outro. Tinha direito ao benefício do INSS, investimentos suficientes para a previdência complementar e, aos 56 anos de idade, sente-se jovem o bastante para namorar, viajar e com tempo para curtir a vida. Mas tem filhos, e não são poucos. Três casamentos e seis filhos exigem um cálculo de aposentadoria diferenciado. Então, descobriu na prática que precisa voltar a trabalhar ou verá seus recursos minguarem, o que lhe condenará a uma vida pacata à espera da visita dos filhos e netos. A imagem do céu para uns, o que, definitivamente, não é o seu caso.

Dois homens de meia-idade, classe média alta, vivendo no Brasil no século do aumento da expectativa de vida, mostram que pensar na aposentadoria não tem o mesmo significado do que foi para os nossos avós. E estamos falando de apenas dois exemplos.

Quando as histórias são femininas, elas ganham contornos mais dramáticos. Estudos mostram que as mulheres são as maiores vítimas da pobreza depois de aposentadas. Mesmo mulheres bem-sucedidas acabam sucumbindo à falta de um patrimônio financeiro, que complemente o benefício do INSS e experimentam uma queda no padrão de vida quando se aposentam.

Segundo Alexandre Kalache, médico que implementou o programa de envelhecimento ativo da Organização Mundial da Saúde (OMS), um estudo feito em São Paulo mostrou altos índices de depressão em mulheres que acabam indo morar com filhos depois de viúvas.

O principal ponto para as mulheres é que elas têm salários menores e tendem a cuidar mais das demandas da família. Colocam os filhos em primeiro lugar e esquecem daquela regra básica de segurança em viagem de avião, na qual, em caso de despressurização da cabine, coloque primeiro a máscara de oxigênio em você e só depois em quem está ao seu lado, mesmo que seja seu filho.

Para salvar-se financeiramente, é preciso observar a mesma regra. Lembre-se, se você tem autonomia financeira, poderá até ajudar os seus filhos se for necessário. Mas, se depender do seu filho, pode se ver em dificuldades no futuro e não por culpa dele. Seu filho terá os próprios desafios financeiros para encarar, pois viverá num mundo com menos empregos, terá a própria família e, provavelmente, não poderá contar com uma aposentadoria generosa do governo. Os estudiosos são unânimes em afirmar que novas reformas virão (vamos falar sobre isso mais à frente no capítulo sobre INSS).

Você precisará de informações corretas para alcançar dinheiro e saúde, esses dois itens importantíssimos para viver sua longevidade em plenitude. Como as histórias reais que contei nos mostram, viver muito nos coloca diante do maior desafio: o que queremos da vida. No passado, a morte chegava cedo, antes que essas inquietações nos tirassem o sono. Era uma época em que se esperava que aos 70 anos você estivesse quietinho em casa, a-po-sen-ta-do.

Já escrevi alguns guias sobre aposentadoria e previdência. O primeiro tinha meus 30 e poucos anos, o *Guia Valor Econômico de aposentadoria*. Era editora de investimentos do jornal *Valor Econômico*. Hoje, lendo tudo o que já escrevi, vejo que meu olhar mudou, mas o mundo mudou ainda mais.

Com o planejamento da aposentadoria não é diferente. Você começa com planos que, com certeza, vão mudar ao longo das décadas. Aliás, essa é a única certeza que você terá neste processo recheado de incertezas financeiras, pessoais e profissionais: as mudanças serão constantes e manter-se informado é imperativo.

No século do aumento da expectativa de vida, todas as regras sobre aposentadoria foram colocadas de ponta-cabeça. E talvez você até descubra que nunca irá se aposentar. Isso pode ser bom ou ruim e dependerá do quanto você se preparou. Mesmo para continuar trabalhando depois de aposentado, é necessário se preparar.

Veja, por exemplo, o que era a regra no passado: você precisará de 70% do seu último salário para manter seu padrão de vida depois de aposentado. Essa regra está totalmente ultrapassada. Algumas pesquisas mostram que você precisará de mais dinheiro na aposentadoria do que quando estava no mercado de trabalho.

E por quê?

- Porque você não terá mais o patrão pagando o seu plano de saúde, e essa despesa terá um peso enorme no seu orçamento;
- Porque talvez os seus filhos ainda estejam morando com você, visto que neste século 21 as crianças

demoram mais para deixar a casa dos pais e para entrar no mercado de trabalho;
- Porque você estará muito jovem e vai querer viajar e se divertir.

Pesquisas mostram que poucas pessoas já fizeram o cálculo de quanto precisarão na aposentadoria. E não apenas no Brasil. Mesmo em economias desenvolvidas, como a americana, a educação previdenciária ainda está longe de atingir um percentual que deixe governos e famílias tranquilos em relação ao futuro.

Por isso, há grandes universidades dedicando cada vez mais recursos para pesquisas que apontem para políticas públicas e privadas, visando a educação financeira de trabalhadores, seus filhos e suas famílias.

Nos últimos anos, com o crescimento das redes sociais, houve uma proliferação de conteúdos de educação financeira, finanças e investimentos. Há coisas muito boas, outras nem tanto. Mas o que mais me chama a atenção é a ausência de conteúdo voltado para a educação previdenciária. A previdência tem contornos específicos que são deixados completamente de lado quando tratados por muitos influenciadores, ou *influencers*, como são chamados esses novos profissionais.

No *MyNews*, canal de jornalismo que criei em 2018, observamos uma demanda por esse conteúdo diante da pouca oferta. Criamos então o *MyNews Vida e Previdência*, um canal específico para tratar do tema. Há uma grade com programas, cursos e entrevistas.

Não há influenciadores no *MyNews*. Nosso time é de jornalistas profissionais. Isso não é uma crítica aos influenciadores, há alguns excelentes, inclusive, que costumo seguir. Mas, nesse canal, não damos nossa opinião e nem recomendações de investimentos. O que fazemos é levar informação, com apuração que segue estritamente os princípios jornalísticos para que você tome então a melhor decisão para a sua vida. Decisão aliás que, como falei, vai passar por mudanças ao longo do tempo. E não há nada de errado com isso. O importante é que você vá construindo seu caminho com o equilíbrio necessário para saber aproveitar a vida, as oportunidades, de olho também no futuro.

O lado fiscal é importantíssimo em qualquer planejamento previdenciário e ponto de partida para criar sua carteira de investimentos. Há detalhes que, se forem deixados de lado, comprometerão o sucesso da sua carteira.

Gosto de traduzir aposentadoria como "liberdade financeira" e você não precisará ser milionário para conquistá-la.

Então veja, sua liberdade financeira ou aposentadoria será um mosaico formado por diversas fontes de renda que você irá construir ao longo do tempo. O INSS será apenas uma dessas fontes.

A previdência privada, ou complementar, é a outra peça. E nesse item, talvez você tenha que ter uma carteira com planos de previdência que combinem diferentes formas de tributação.

Para completar o mosaico, você poderá contar com outras rendas como:

- renda de dividendos (parte do lucro de empresas distribuído a acionistas);
- renda de aluguel;
- renda de juros pagos em títulos de renda fixa do Tesouro Nacional e outros;

- trabalho como consultor ou mesmo outra carreira com horários mais flexíveis. No exterior já há uma onda nesse sentido.

Por isso, se você consegue montar essa engrenagem aos 50 anos, por que não antecipar a aposentadoria, se tiver recursos suficientes? Mas atenção, pois com o aumento da expectativa de vida essa é uma situação cada vez mais difícil.

Você poderá também chegar aos 60 ou 65 anos de idade sem ter acumulado o suficiente. Nesse caso, o melhor seria adiar um pouco a decisão de se aposentar até conseguir os valores necessários para manter o seu padrão de vida.

São dois os ingredientes básicos para você conquistar um patrimônio que lhe permita ganhar a independência financeira: tempo e dinheiro. Quanto mais você tiver de um, menos precisará do outro. Portanto, ajuste seu foco nesses dois itens.

Se você quer parar de trabalhar antes dos 60 anos, deve começar a guardar dinheiro o quanto antes ou fazer depósitos mensais bastante altos. Outro ponto que irá ajudá-lo é ser mais arrojado nos seus investimentos, ou seja, perseguir taxas de retorno maiores em suas aplicações, o que significa deixar uma parcela maior de seus recursos em mercados de maior risco, como ações. Note que, quanto mais tempo você tiver, mais arrojado poderá ser, porque o tempo ajuda a diluir o risco de determinadas aplicações. Ao contrário, se você já estiver às vésperas de sua aposentadoria, é saudável reduzir a parcela de risco de seus investimentos. Observe que os analistas falam em reduzir, e não em eliminar, essas aplicações de seu portfólio – em especial as ações (veja mais detalhes no capítulo sobre ações).

A partir de agora, nossa meta é liberdade financeira, o que não significa enriquecer a ponto de nos tornarmos bilionários, mas fundamentalmente ter um patrimônio e uma renda que nos deem tempo para escolher onde, como e com quem trabalhar – o que não é pouca coisa e, sinceramente, é melhor do que qualquer salário do mundo, por maior que este seja.

A aposentadoria é apenas uma forma de alcançar essa liberdade. Mas se você pensa em deixar para iniciar o seu plano de investimentos quando o dinheiro estiver sobrando, esqueça. Dificilmente você o conseguirá.

As pesquisas comportamentais mostram que a procrastinação, essa mania que temos de deixar tudo para amanhã, nos impede de dar o pontapé inicial nesse jogo no qual o nosso principal adversário pode ser nós mesmos.

Contudo, não seja muito exigente consigo mesmo, o fundamental é ter disciplina. Comece guardando pouco, que é para não fazer falta no orçamento e não sofrer a tentação de fazer resgates no meio do caminho. Nada é pior para uma estratégia de longo prazo do que fazer resgates antes de fechar o ciclo de investimentos.

Com isso, você tira a principal força das aplicações de longo prazo: a taxa composta, ou seja, o juro sobre juro. Assim, comece separando cerca de 100 ou 200 reais, se isso é tudo de que pode dispor. Ou até menos. Mas veja que, no longo prazo, o fato de ter disciplina para guardar dinheiro fará uma enorme diferença. O importante é que você não encontre mais motivos para adiar o início do seu programa de investimento para alcançar a tão sonhada liberdade financeira.

COMECE AOS POUCOS
Taxa real de retorno (ao ano): 6%

Aplicação mensal	10 anos	15 anos	20 anos
50,00	R$ 8.163,21	R$ 14.415,42	R$ 22.782,29
100,00	R$ 16.326,43	R$ 28.830,85	R$ 45.564,58
150,00	R$ 24.489,64	R$ 43.246,27	R$ 68.346,87
200,00	R$ 32.652,86	R$ 57.661,69	R$ 91.129,15

Fonte: A, R&D Finanças Pessoais.

Há algumas barreiras que nos impedem de pensar na aposentadoria. A principal delas é lidar com a ideia do envelhecimento. No Brasil, envelhecer é quase um pecado. Vivemos como se a expectativa de vida fosse de 28 anos de idade e, se a realidade teima em se impor e nos levar a atravessar a fronteira dos trinta e dos "enta" (40, 50, 60...), então teremos um problema se não nos prepararmos física, mental e financeiramente para isso.

Não é só comprando um plano de previdência que você vai se preparar para o envelhecimento. Ele é parte importantíssima para pavimentar esse caminho. Mas não basta, e não estou falando apenas de dinheiro.

Simplesmente não nos preparamos para amadurecer. O dinheiro talvez seja a parte mais fácil de resolver com o aparecimento no mercado brasileiro de novos produtos de investimento de longo prazo e incentivos fiscais que vão nos ajudar a levar nossas economias para o futuro de forma segura e rentável.

O objetivo é que, ao contrário da gente, nossas economias cheguem cada vez mais gordas no futuro. Sim, se tudo der certo, você fizer exercícios, não fumar e mantiver um estilo de vida que inclua uma alimentação saudável, as chances são grandes de você envelhecer tanto que chegará a ser um centenário. E, acredite, isso será muito bom. Daí a importância de ir construindo uma estratégia e fazer planos para o futuro. Mas é fundamental que esses planos saiam do terreno dos sonhos para se tornarem realidade. Essa é a proposta deste livro: iniciar essa caminhada com você. Como? Entregando informações que irão ajudá-lo a organizar seu raciocínio e criar estratégias vencedoras para quando o futuro chegar.

Nos próximos capítulos, vou apresentar informações importantes para que você crie sua própria estratégia. Tenho certeza de que com as informações corretas e sem as promessas vãs de ganhos fáceis e rápidos você construirá uma estrada de sucesso para conquistar a tão sedutora independência financeira e poderá inclusive escolher se quer se aposentar ou não.

Então, vem comigo.

Capítulo 2
Dias melhores virão

Se antes a aposentadoria era um sinal indelével de que o bom tempo estava terminando, hoje ela é a certeza de que dias melhores virão, talvez os melhores anos de sua vida.

Mas para desfrutar de tudo o que lhe aguarda, planejar é preciso. O maior desafio é colocar para a família que este é um problema de todos. Sim, a sua aposentadoria começa com a mesada do seu filho.

O ciclo de vida passa por uma profunda mudança. Antes, as pessoas viviam o suficiente para se reproduzir. Hoje já vivem o bastante para ver sua família crescer além da quarta geração. Bom? Excelente! Mas é preciso preparar o corpo, a mente e o bolso para este novo cenário.

Se conflitos de gerações já apareciam quando a vida era curta, no século dos centenários o desafio é elevado à décima potência, ou mais.

Falo da mesada porque, para muitos pais, educar os filhos financeiramente e colocar limites em suas demandas envolvendo dinheiro é urgente, e não falo apenas de crianças. São muitos os brasileiros que chegam à maturidade em situação difícil por terem sido muito generosos com os filhos, irmãos e parentes.

Parece egoísta? Não. Acredite em mim, é realista. Mulheres, principalmente, são vítimas de generosidade excessiva. Por isso, muita atenção a esse ponto. Cuide primeiro da sua independência financeira. Depois, se der (e você quiser) ajude a galera. Você não tem ideia do quão bom será para todos que você não dependa de ninguém na sua velhice e consiga desfrutar dos anos a mais que a ciência nos proporciona.

A previdência, para a grande maioria dos brasileiros, é sinônimo de aposentadoria. Mas, na verdade, não é bem assim. Previdência é o sistema pelo qual você transporta a sua renda de hoje para o futuro.

Quando você era criança, precisava dos seus pais para pagar a sua alimentação, a sua moradia, a sua educação etc. Você cresceu, se formou e entrou no mercado de trabalho. Agora, sua renda vem do trabalho. Mas como será no futuro? Pois bem, o futuro pertence à previdência. É a previdência que vai garantir sua subsistência quando você já não estiver mais trabalhando.

O agente que vai operacionalizar a previdência pode ser público ou privado. O agente público é o Estado, a chamada previdência social, que assume o papel de condutor da sua renda até o futuro. O agente privado são as companhias seguradoras, os fundos de pensão ou as empresas abertas de previdência complementar.

No Brasil, todos os trabalhadores são obrigados a contribuir para o sistema de previdência social e têm direito a receber um benefício quando se aposentam. Se for um trabalhador da iniciativa privada, vai contribuir para o Regime Geral de Previdência Social, o INSS. Mas se for funcionário público, contribuirá para o Regime Próprio de Previdência Social da União ou dos Estados e Distrito Federal ou dos municípios.

O conceito de previdência também está dividido em dois regimes: o de repartição e o de capitalização.

A previdência social brasileira funciona sob o regime de repartição. Quem contribui, paga o benefício do outro que está aposentado, na esperança de que no futuro as novas gerações de contribuintes façam o mesmo e paguem a sua aposentadoria. Só existe um problema: você está fazendo um pacto com gerações que ainda nem nasceram. Tudo funciona muito bem quando há muitos trabalhadores contribuindo para o sistema. Mas à medida que esse grupo vai ficando escasso, compromete as aposentadorias futuras. Os regimes de repartição são compatíveis com economias com alta taxa de natalidade – muita gente trabalha e contribui para pagar as pensões dos que estão no topo da pirâmide demográfica.

O problema da previdência oficial no Brasil é que o regime de repartição foi montado há mais de 50 anos, quando a base da pirâmide demográfica ainda era ampla.

Hoje, as taxas de natalidade e mortalidade já caíram bastante e podem cair ainda mais. Assim, forma-se uma base menor e um topo maior, o que cria um problema para os sistemas de repartição.

E é assim que essa relação fica desbalanceada, seja porque estão nascendo menos pessoas, seja porque as pessoas estão vivendo mais tempo (o que faz aumentar o número de aposentados), seja pelos dois motivos, que é exatamente o que ocorre na maior parte do mundo atualmente. No Brasil, em 1980, havia 2,84 contribuintes para cada beneficiário. Em 1990, essa proporção caiu para 2 trabalhadores por aposentado e atualmente a relação é de 1,9 para 1.

Pelo regime de capitalização, que é a base da previdência privada, as pessoas contribuem numa conta de investimento que cresce ao longo do tempo para pagar seu próprio benefício. No sistema de capitalização, o trabalhador contribui no presente para, no futuro, ter dinheiro para arcar com sua própria aposentadoria. Essas contribuições são investidas e capitalizadas e servem para o pagamento das pensões.

Em relação à metodologia adotada para determinar os níveis de contribuição e benefício do trabalhador, o sistema de capitalização pode ser com contribuição definida ou com benefício definido. Os planos mais modernos costumam adotar o sistema de contribuição definida. Os planos de Benefício Definido ou BD estão em extinção. Mesmo no Brasil, onde ainda há uma grande quantidade desse modelo, eles foram herdados principalmente em empresas estatais. Os novos planos que estão sendo oferecidos são de Contribuição Definida (CD).

O primeiro pilar da previdência é o INSS. Não há no mercado privado nenhum plano que ofereça tantos benefícios a um custo tão baixo quanto a previdência oficial.

Mas a previdência não vai quebrar? Essa é uma pergunta recorrente e uma desculpa frequente para não acertar as suas contas com o INSS. Veja, as contas da previdência são um dos pilares mais importantes das contas públicas e, por isso, o sistema vem passando por reformas. A última grande reforma ocorreu durante o governo do ex-presidente Bolsonaro, mas é consenso entre os estudiosos que outras reformas virão.

Tudo isso é feito justamente para manter a segurança do sistema. Se o sistema previdenciário quebra, é porque as contas públicas estão em completa desordem e, nesse caso, não será a previdência privada que sobreviverá incólume. Quando a economia de um país quebra, é porque todo o sistema está comprometido.

Complementar a sua renda na aposentadoria é parte do processo – e, sem dúvida nenhuma, uma parte extremamente relevante. No entanto, isso não basta. É preciso pensar na saúde, no estilo de vida e no próprio trabalho. Porque, como você já percebeu, a aposentadoria do século 21 não é necessariamente sinônimo de parar de trabalhar. Para cada uma dessas demandas, é preciso traçar uma estratégia. Para ter qualidade de vida, você precisará investir em saúde, mas não só isso.

É preciso investir em:

- capital financeiro;
- capital físico e mental (saúde);
- capital social (amigos, famílias e relacionamentos);
- capital intelectual (trabalho, estudos e atualizações).

Não parece muito eficiente se aposentar com rios de dinheiro se a empreitada que enfrentou para construir esse patrimônio drenou a sua saúde. É fundamental ter equilíbrio para preservar o capital nessas quatro esferas. Daí, se você realmente acredita que basta chegar a uma agência bancária, comprar um plano de previdência e sair de lá com a certeza de um futuro tranquilo, as chances são grandes de ter problemas mais adiante.

Armadilhas pelo caminho

Se alguém disser que este ou aquele investimento vai enriquecê-lo da noite para o dia, desconfie. E em nenhuma hipótese coloque em aventuras o dinheiro investido para a sua aposentadoria. Estou me rendendo aqui ao termo aposentadoria na incapacidade de encontrar outro melhor e que reúna os dois principais pontos que estamos tratando, que é envelhecer com uma queda gradual e natural na receita.

Dado esse cenário, como fazer para chegar lá no futuro em boas condições físicas, mentais e financeiras, com autonomia e independência? É sobre isso que estamos falando e quero destacar algumas armadilhas que podem comprometer o seu sucesso:

As cinco maiores armadilhas são:

- **Procrastinação:** Adiar a reflexão, as decisões e ações sobre o assunto. E assim, sempre deixando para amanhã, você se vê às vésperas da aposentadoria sem nunca ter pensado efetivamente na sua maturidade.
- **Não cuidar da sua saúde:** Muitos estudos mostram que, não raro, as pessoas, principalmente os homens, são aposentados compulsoriamente por causa de problemas de saúde. Não dedicar o devido cuidado ao seu corpo e à sua mente é um grande erro, pois a saúde é o seu maior patrimônio em qualquer etapa da vida, mas ganha ainda mais relevância na maturidade.
- **Entregar o planejamento para os outros:** Não acompanhar os seus investimentos nem participar ativamente da estratégia da construção do seu patrimônio para o futuro é jogar com a sorte. O acompanhamento regular é importante até mesmo para

saber se você e o seu consultor ou o gestor do plano de previdência estão em sintonia com as suas expectativas.

- **Acreditar que seus filhos cuidarão de tudo:** Erro muito comum dos pais, principalmente das mães. Muita atenção a esse ponto. Seus filhos terão os próprios desafios para enfrentar.
- **Esperar sobrar dinheiro para começar a investir:** Se você está esperando uma folga no orçamento para começar a investir na aposentadoria, esqueça. Dificilmente terá sucesso. O melhor é colocar essa aplicação como o primeiro item do seu orçamento.

Para aqueles que têm filhos, eu coloco aqui uma sexta armadilha: a herança. Os pais costumam pensar e planejar mais a herança dos filhos do que a própria sobrevivência na aposentadoria, e isso costuma dar muito errado, para ambos, pais e filhos. Para famílias de classe média, deixar uma herança financeira não será tão trivial e exigirá esforço. Afinal, nesse novo contexto de ciclo de vida, uma boa parte do que se transformaria em herança será usado pelos próprios pais. Na verdade, os especialistas já estão dando como certo que a herança, em muitos casos, está morta.

Investir é preciso...

Guardar dinheiro não é suficiente. Para engordar suas economias é preciso investir. Ah, mas você não gosta desse assunto? Provavelmente porque você acredita que isso é coisa para economistas e gente do mercado financeiro. Engano. Investir é para todo mundo.

Os princípios básicos de investimento são acessíveis a qualquer um e vamos falar mais detalhadamente sobre renda fixa, ações, fundos de investimento e planos de previdência. Com esse panorama, você conseguirá analisar o cardápio que tem disponível na hora de fazer suas aplicações financeiras. Não há milagres. Mas você verá que com boa informação é possível multiplicar o seu patrimônio ao longo dos anos.

Há uma diferença enorme entre guardar dinheiro e investir. Quando você guarda dinheiro, simplesmente o aplica com o objetivo de manter seu poder de compra, ou seja, faz aplicações que o protejam da inflação.

Mas quando você investe o seu dinheiro, quer mais do que uma taxa de retorno igual à da inflação. Nesse caso, você deseja fazer crescer o seu patrimônio, e para tanto busca rendimento acima da inflação.

Para garantir sua aposentadoria, é preciso investir. Só uma estratégia de investimentos de longo prazo poderá dar a você a certeza de que seu patrimônio irá crescer ao longo do tempo. Para tanto, você deve estar disposto a correr riscos. O nível desses riscos dependerá de algumas variáveis, como sua própria tolerância ao risco, sua idade e o prazo de que você dispõe para atingir o seu objetivo.

Sua carteira, então, precisará ter investimentos que contemplem os mais diferentes graus de risco, criando um equilíbrio capaz de atender ao seu perfil de investidor (seja você conservador, moderado ou arrojado) e de fazer você atingir sua meta – no caso, a aposentadoria.

Por mais conservador que você seja, por exemplo, sua carteira necessariamente deve ter uma parcela direcionada ao mercado de ações. Para investimentos de longo prazo, você não poderá prescindir de aplicar na bolsa de valores.

Isso porque, no longo prazo, as ações, quando bem escolhidas, podem fazer maravilhas e incrementar o seu patrimônio.

Mesmo no Brasil, onde nos últimos 30 anos a renda fixa apresentou uma superioridade ao rendimento das ações, há empresas que isoladamente bateram muito as taxas de juros.

Investimento de longo prazo é diferente

No Brasil, é muito comum encontrar investidores que aplicam seus recursos de longo prazo em alternativas claramente destinadas a metas de curto prazo. Os brasileiros têm muita dificuldade em renunciar à liquidez, ainda que o objetivo seja de prazo acima de dez anos ou mais. Com isso, perdem a oportunidade de usar incentivos fiscais, ou seja, economia de impostos que ajudam a engordar o patrimônio.

A vantagem fiscal para aplicações de longo prazo se traduz desde alíquotas menores no Imposto Renda sobre os ganhos da aplicação a benefícios como descontar da sua renda tributável as aplicações que são feitas nos planos de previdência (caso dos PGBLs e dos fundos de pensão).

Nas aplicações de curto prazo é prudente concentrar os recursos em investimentos de baixíssimo risco. Já nas de médio prazo, você pode até dedicar uma pequena parcela a aplicações de maior risco, como as ações.

No longo prazo, porém, o tempo está a seu favor e permite que você se dedique a mercados com maior potencial de ganho (o curto prazo embute um risco enorme aos seus recursos). Isso porque você terá tempo para recuperar perdas, seja pela volta do preço justo dos ativos, seja porque você terá contabilizado ganhos em outras aplicações que compensarão suas perdas.

Fique de olho no ganho real

No processo de investimento, outro ponto importante é estar atento ao ganho real das aplicações, ou seja, o retorno acima da inflação. Caso contrário, na prática, você está perdendo poder aquisitivo, mesmo que nominalmente o saldo das suas aplicações tenha crescido.

Descobrir o ganho real das suas aplicações não é uma tarefa difícil. Comece calculando o seu ganho nominal. Depois, escolha um índice de inflação e desconte da sua taxa nominal o correspondente à inflação do mesmo período de sua aplicação. Para as aplicações de médio e longo prazo, esqueça o ganho nominal e foque no ganho real.

Aposentar cedo e com um bom dinheiro é o sonho de muita gente. Para isso, será necessário dinheiro, muito dinheiro.

No entanto, atenção, não há mágica nesta seara. A conta é simples: quanto mais dinheiro você tiver, mais tempo poderá usufruir ou um montante maior poderá tirar.

Sim, essa é a equação: ou você resgata valores maiores ou resgata por mais tempo. As duas coisas juntas exigirão um esforço brutal, que dificilmente você conseguirá levar a cabo.

Por isso, seja realista e analise realmente o que é melhor para você. Talvez descubra que deseja se “aposentar” cedo, aos 50 anos, por exemplo, mas na verdade não quer parar de trabalhar.

Como?

Você pode optar por um trabalho de meio período ou uma outra atividade que não lhe dê os mesmos padrões de remuneração, mas certamente vai deixá-lo mais feliz.

Dessa forma, você não precisará utilizar o capital que acumulou até os 50 anos, poderá deixá-lo render por mais dez anos, por exemplo, ainda que sem fazer nenhum aporte adicional.

O simples fato de deixar o dinheiro aplicado, rendendo juros sobre juros, já terá um impacto significativo sobre o montante. Ao mesmo tempo, economizou dez anos de utilização dos recursos.

As crises e sua aposentadoria

Está aí outra diferença dos investimentos para objetivos de longo prazo: possibilidade de fazer bons negócios em momentos de crise, quando você encontra bons ativos a preços baixos.

Sim, é possível fazer excelentes investimentos em momentos de crise, desde que você se movimente com cautela, conheça os riscos de cada aplicação e tenha sempre em mente o seu prazo de investimento.

Contudo, você deve aplicar em investimentos de risco apenas a parcela de seu dinheiro proporcional à sua disposição para assumir riscos.

Capítulo 3
O melhor investimento

Fuja de promessas de ganhos mirabolantes que o deixarão rico e ainda sem correr riscos. Já falei isso? Nunca é demais repetir, porque é impressionante a quantidade de pessoas que são seduzidas por essas promessas. É um comportamento que sempre existiu e, com a internet, se multiplica numa velocidade absurda.

Uma carteira de investimento deve mesclar aplicações em renda fixa e renda variável. Para ter uma diversificação eficiente, você precisa investir em mercados e em ativos que tenham correlação negativa, ou seja, que se comportem de forma que um proteja a carteira se o outro estiver em baixa.

Ao comprar ações de diferentes setores, você não diversifica seus investimentos, pois se mantém concentrado no mercado de ações. Da mesma forma, a compra de fundos de renda fixa de vários gestores não significa diversificação: ainda assim, suas aplicações estarão concentradas em renda fixa.

Faça a sua diversificação em duas etapas. Na primeira, diversifique entre os mercados. Na segunda, diversifique entre os produtos de cada mercado.

As aplicações em renda fixa são as mais conservadoras, têm um fluxo de caixa constante e pagam juros. Podem ter rendimentos pós-fixados ou prefixados. Quando você compra um título de renda fixa, passa a ser credor do emissor do título.

Note que renda fixa não quer dizer que a rentabilidade da aplicação não varia. Os papéis de renda fixa têm um preço que oscila diariamente. O que é fixo é o fluxo de pagamento de juros acordado no título. Assim, se precisar vender o título antes de seu vencimento, você poderá ter lucro ou prejuízo, dependendo do preço que pagou pelo título na compra. É considerada uma aplicação mais conservadora do que a renda variável, porque as oscilações de preço costumam ser menores.

No mercado de renda variável, o principal produto são as ações. Ao comprar uma ação, você passa a ser sócio da empresa. Se a empresa obtiver lucro – e puder, portanto, distribuir dividendos –, você ganhará.

Perspectivas de aumento do lucro e de expansão da empresa também poderão render ganhos para o investidor de ações, porque tendem a provocar uma valorização do preço das ações da empresa no mercado.

Imóveis são investimentos?

Sim, os imóveis são uma opção de investimento em renda fixa. Mas como qualquer outro ativo, eles precisam se valorizar para aumentar seu patrimônio. Por isso, quando comprar um imóvel para investimento, procure especialistas que saibam apontar tendências de valorização.

São dois os caminhos para o imóvel na sua carteira de investimentos para a aposentadoria: a valorização e a complementação de renda com fluxo de recebimento de aluguel.

Observe, no entanto, que, para que você tenha um rendimento quando estiver aposentado, seus imóveis devem estar alugados.

No período de acumulação de capital, você poderá fazer um bom investimento se comprar um imóvel numa área que seja valorizada no futuro. Mas cuidado: seu imóvel perderá valor se estiver em uma área já saturada. Esse é um mercado para especialistas e, por isso, é prudente se informar sobre as perspectivas de valorização da região em que está localizado o imóvel que pretende adquirir.

O sindicato da habitação (Secovi) do seu estado pode ajudá-lo na hora de fazer a avaliação de um imóvel. Outra opção é buscar informações nos departamentos universitários que analisam a área imobiliária. Corretores de imóveis e analistas de ações que acompanham empresas do setor também são boas fontes.

Enfim, você precisará ir a campo fazer sua pesquisa.

O dólar é um bom investimento para a aposentadoria?

Não. Mesmo para quem pretende morar no exterior esse não é um investimento recomendado.

Guardar dólares debaixo do colchão, na gaveta ou no cofre não levará você a atingir os seus objetivos – sejam eles a aposentadoria, a casa própria ou a escola de seus filhos – de forma eficiente.

Para quem pretende fazer investimentos dolarizados, a melhor rota é procurar fundos cambiais, fundos de investimento no exterior ou ainda algumas alternativas de aplicações diretas no mercado internacional. As corretoras brasileiras que estão abrindo filiais fora do país são um caminho para acessar esses investimentos.

Essas corretoras estão abrindo negócios no exterior, principalmente em Miami, justamente para atender brasileiros que querem investir parte da carteira em títulos do governo dos EUA ou em ações americanas.

Investir fora do país é uma prática perfeitamente legal, desde que seu dinheiro tenha origem comprovada e você pague os impostos exigidos. Ou seja, você não pode esconder a sua aplicação nem do Banco Central, nem da Receita Federal.

Mas não se esqueça: mesmo que suas aplicações estejam em moeda estrangeira, é necessário fazer investimentos com potencial para dar mais rentabilidade ao seu patrimônio, com o objetivo de protegê-lo dos efeitos corrosivos da inflação e para fazê-lo crescer.

Atualmente, são muitas as alternativas das chamadas contas globais, e os bancos digitais oferecem a um custo bem atraente para volume pequeno de recursos. Bem pequenos. E o que é melhor, você consegue fazer tudo a partir de seu celular.

A caderneta de poupança pode ser uma opção de investimento para a aposentadoria?

Não. No longo prazo, são grandes as chances de a caderneta perder para a inflação.

A maior parte do dinheiro aplicado na poupança serve para que os bancos façam empréstimos imobiliários. A taxa que os clientes pagam por esses empréstimos serve de base para a remuneração da poupança. Por isso, o rendimento da poupança nunca poderá ser muito atraente, para não encarecer esses empréstimos.

Trata-se de uma aplicação extremamente conservadora. Apesar disso, tem duas vantagens: isenção de Imposto de Renda e inexistência de taxa de administração.

Mesmo com essas vantagens, a poupança não é indicada para investimentos para a aposentadoria, pois costuma falhar no médio e longo prazo na proteção à inflação. E você já sabe: a alta dos preços é seu maior inimigo ao construir um patrimônio para a aposentadoria.

Um caminho tão ou mais seguro que a poupança, e mais rentável, são os títulos do Tesouro Nacional, vendidos no programa Tesouro Direto. Hoje, há títulos que embutem um período de acumulação e outro de pagamento de "benefício", que na verdade é a programação do desinvestimento pago em parcelas, criados especificamente para quem está investindo para a aposentadoria. São os chamados Tesouro Renda+.

Quanto maior a quantidade de dinheiro e o prazo da aplicação, maior a diferença de rentabilidade entre os títulos do Tesouro e a poupança. Dinheiro na poupança só se for pouco, menos de mil reais, e assim mesmo apenas no curtíssimo prazo: menos de seis meses.

Há um equívoco comum de achar que a caderneta de poupança tem a garantia do governo. Muitas pessoas evitam resgatar o dinheiro dessa aplicação, mesmo com a baixa rentabilidade, porque acreditam que, em caso de problemas com o banco, o governo irá socorrer.

Engano. A poupança não conta com nenhuma proteção governamental. Está entre os produtos financeiros cobertos pelo FGC, o Fundo Garantidor de Crédito.

Trata-se de um fundo mantido pelos bancos e que cobre perdas totais de até 250 mil reais que um cliente tenha, em caso de quebra do banco. Mas observe que esse limite engloba a soma de todos os créditos que o cliente tenha com o banco (poupança, CDB, conta corrente etc.).

Já os títulos vendidos no programa Tesouro Direto contam com a garantia total do Tesouro Nacional.

Internet: aliada ou vilão?

O grande problema do pequeno investidor no passado era a dificuldade de acesso a informações e a produtos de investimento. A internet resolveu esse problema. Mas criou outros.

O dilema atual está no excesso de informações e na quantidade de fraudes financeiras que podem se espalhar rapidamente na web.

Por isso, seu primeiro grande trabalho é selecionar cuidadosamente as suas fontes de informação e os parceiros com os quais irá fazer suas operações financeiras.

É importante questionar:

- **Quão confiáveis são esses parceiros?**
- **Podem prestar o serviço que estão prestando?**
- **Quem são os responsáveis?**

Essas e outras perguntas devem ser feitas antes de você abrir a sua carteira e desembolsar qualquer recurso, por menor que seja.

Qualquer site de investimentos que receba aplicações de um investidor tem, necessariamente, de ser uma instituição financeira. Assim, você poderá obter informações sobre a instituição na Comissão de Valores Mobiliários (CVM) e no Banco Central (BC).

Antes de fazer qualquer investimento, apure dados sobre o histórico da corretora com a qual você pretende trabalhar. Nunca esqueça que o meio da aplicação é virtual, mas a corretora tem de ser real.

Outra observação importante: faça as suas aplicações aos poucos. Comece investindo uma pequena parcela de capital e só com o tempo vá aumentando seu relacionamento com a corretora.

A informação é a primeira linha de defesa contra golpes financeiros
Procure conhecer o mercado antes de investir. Consulte a área educacional do site da CVM (Proteção e Educação ao Investidor).

Desconfie de promessas de retornos elevados com baixo risco
Rentabilidade e risco costumam andar de mãos dadas. Se é bom demais para ser verdade, provavelmente não é verdade.

Baseie a sua decisão em questões objetivas
Golpistas são normalmente pessoas simpáticas e que estão habituadas a mentir. Por isso, tenha um espírito crítico.

Fonte: CVM.

Capítulo 4
Precisamos falar sobre o INSS

A previdência oficial é o conjunto de instituições estatais destinadas a prestar assistência aos trabalhadores e suas famílias.

O sistema de previdência social, ou seguro social, de um país é constituído de um programa de pagamentos ao indivíduo ou aos seus dependentes como compensação da perda de capacidade de trabalho, seja por idade, invalidez ou morte. O seguro social tem como função garantir níveis mínimos de rendimentos para os trabalhadores idosos.

No Brasil, a previdência social oficial para os trabalhadores do setor privado é executada pelo Instituto Nacional do Seguro Social (INSS), que regula e prevê os benefícios para os trabalhadores ou aos seus dependentes. Quem não exerce atividade remunerada – como uma dona de casa, por exemplo – também pode se inscrever na Previdência e contribuir para ter direito aos seus benefícios. Ela é considerada um segurado facultativo. Além do Regime Geral de Previdência Social, existem regimes previdenciários especiais, ou regime próprio, que regulam a aposentadoria dos funcionários públicos, civis federais, estaduais, distritais, municipais e congressistas.

A maior dúvida de quem começa a contribuir para a previdência oficial hoje é saber qual o risco de ficar sem receber no futuro. Não há esse risco. O benefício da previdência é tão importante que, quando o sistema dá sinais de que caminha para o esgotamento, a própria economia acende os alertas. Portanto, não há o risco de ficar sem o benefício. Futuramente, pode acontecer – e este risco é real – de as regras da previdência ficarem mais duras.

A última reforma da previdência social no Brasil ocorreu durante o governo Bolsonaro, mas outras virão. Daí a importância de se acompanhar a evolução das discussões sobre a reforma da previdência social e a performance dos seus investimentos da previdência complementar.

Dentre as várias mudanças que ocorreram na última reforma, está a idade mínima para a aposentadoria de homens e mulheres (62 e 65, respectivamente). Atualmente, vivemos um período de transição e ainda há possibilidades para trabalhadores se aposentarem por tempo de contribuição. Para saber qual a sua situação, consulte o site www.meu.inss.gov.br e veja todas as alternativas possíveis para a sua aposentadoria e ainda a simulação do benefício que irá receber.

Muita atenção para este ponto: o cálculo do benefício. Quanto mais contribuiu, e por mais tempo, maior a chance do valor do benefício estar próximo ao teto. Aqui você terá que tomar uma decisão importante. Poderá renunciar à parte do benefício em troca de se aposentar mais cedo. Vale a pena? Só você tem essa resposta.

Será necessário avaliar financeiramente se é melhor ficar mais cinco ou dez anos, por exemplo, contribuindo e sem receber o benefício para alcançar um valor maior. Não é uma conta trivial, porque levará em conta o tempo que você espera ficar recebendo o benefício, ou seja, seu tempo de vida. Você vai ficar cinco anos sem receber em troca de um benefício 20% maior por quanto tempo? Isso mesmo, no cálculo você tem de estimar a sua própria expectativa de vida.

A incerteza é o ingrediente mais difícil no planejamento da previdência. É preciso aprender a lidar com ela e, principalmente, incorporá-la ao cálculo.

Na previdência complementar não há teto nem idade mínima estabelecida para o início do recebimento do benefício.

Mas, nos dois casos, é o tempo de contribuição o começo de tudo.

No INSS, há os casos das aposentadorias especiais. Professores, por exemplo, estão no grupo de aposentadorias especiais e, aqui, dependendo do tempo de contribuição, as chances são grandes de professoras ainda conseguirem se aposentar aos 50 anos de idade, porque vão reunir duas condições que reduzem o prazo para se aposentar: ser mulher e professora.

Além dos professores, há outras aposentadorias especiais, tipo exposição a agentes nocivos. São três os tipos de risco para aposentadorias especiais: agentes nocivos físicos, químicos e biológicos.

Mesmo com regras mais duras, contudo, a previdência oficial sempre será mais competitiva e mais generosa do que a do setor privado. É uma característica da previdência social. No entanto, ela tem um limite de pagamento.

O governo estipula um teto para o pagamento de benefícios. Não importa o quanto você contribuiu, sua pensão nunca ultrapassará o teto. E muita atenção, porque a tendência é que esse teto seja cada vez menor. A previdência oficial no mundo todo caminha para uma configuração que garante o mínimo necessário para que as pessoas possam sobreviver na velhice, mas não se compromete a entregar o mesmo padrão de vida. Assim, quanto maior a diferença entre o que você ganha e o teto da previdência, maior será a necessidade de ter uma previdência complementar para garantir a manutenção do seu padrão de vida mesmo depois de aposentado.

Sua contribuição dependerá da sua renda. Portanto, mesmo se você for autônomo, terá de observar qual a média de sua renda para pagar as contribuições ao INSS. Já se você é contribuinte facultativo – ou seja, não é obrigado a contribuir e o está fazendo por vontade própria –, essa é uma alternativa de investimento para a aposentadoria muito interessante e vale a pena, sim, contribuir pelo teto.

Muitos profissionais autônomos contribuem pelo mínimo, mesmo tendo renda superior ao teto. Além de ser uma estratégia pouco eficiente, uma vez que você obtém retorno maior pela previdência oficial, esse procedimento poderá levá-lo a ter problemas com a Receita Federal no futuro. Lembre-se de que a Receita Federal é responsável pela fiscalização não apenas do que é devido ao Fisco, mas também ao INSS. Ao cruzar dados, a Receita está enxergando profissionais com patrimônio incompatível com a renda com que contribuem para o INSS.

O custeio da previdência social vem de contribuições dos trabalhadores segurados, das empresas e do governo federal. As contribuições dos trabalhadores são incidentes sobre a folha de salários; as das empresas, sobre o lucro e o faturamento. O governo entra com a quantia estabelecida para esse fim no orçamento e com a receita obtida em concursos de prognósticos (loterias operadas pela Caixa Econômica Federal).

A União também é uma espécie de fiadora da previdência social, e sempre que os recursos não bastarem para o pagamento dos benefícios, a União entrará com o que falta.

Uma dúvida comum dos proprietários de empresas é sobre o percentual a ser recolhido. Nesse caso, a empresa deve descontar 11% do seu pró-labore e recolher outros 20% a título de contribuição patronal, tal qual dos seus empregados. Para quem é autônomo e presta serviços a pessoas físicas, ele próprio deve recolher, e a alíquota é 20%. Para o autônomo que presta serviço para pessoas jurídicas, a própria empresa é que recolhe, tal qual ocorre com os empresários, e as alíquotas são as mesmas: desconto de 11% do valor dos serviços prestados, mais 20% pago pela empresa.

O INSS tem alguns requisitos mínimos, como tempo de carência, por exemplo, que devem ser cumpridos para que a aposentadoria seja liberada. É importante manter-se vigilante a essas condições.

Por que uma aposentadoria é negada?

Não é raro que uma empresa deixe de informar ao INSS as contribuições feitas pelo trabalhador. Quando isso ocorre, pode dar problema e ser uma das causas de ter a aposentadoria negada. Porque, para efeitos da previdência, ele não contribuiu. Então, ele deverá apresentar a documentação que comprove.

Uma segunda situação que é muito comum: o trabalhador que exerce uma atividade que dá direito a aposentadoria especial, como uma siderúrgica, por exemplo. Aquele tempo que você trabalhou, conta mais para a aposentadoria, dependendo do tipo de risco. Quanto mais elevado, maior o multiplicador. Mas a empresa ao reconhecer que o seu trabalho é prejudicial à saúde, que você está exposto a um agente nocivo, essa empresa terá de pagar um adicional.

O que a empresa faz? Ela faz o ppp, o perfil prossiográfico profissional, dizendo que deu todos os equipamentos de proteção ao trabalhador e que você não estava exposto a risco nenhum. E é esta informação que vai para o INSS.

É possível ter duas aposentadorias?

Não no mesmo regime. O que é possível é ter uma aposentadoria e uma pensão. Mas as duas juntas não podem ultrapassar o teto da previdência. Por exemplo, o aposentado recebe seu próprio benefício e a pensão do cônjuge que faleceu.

Perdi o emprego, mas quero continuar contribuindo para a aposentadoria. Como fazer?

Contribua como facultativo. Nessa situação extremamente difícil, você não pode perder de vista a sua aposentadoria e alguns pontos devem ser observados tanto para manter a sua condição de segurado, como para manter a contagem do tempo de contribuição.

Enquanto estava empregado, seu patrão cuidava da contribuição à previdência oficial, tanto a parte de responsabilidade dele, quanto a sua parte, que era descontada do seu salário.

Agora é diferente. Se quiser que esse tempo entre nos cálculos de contribuição, terá de continuar a fazer os recolhimentos, você mesmo.

Como está desempregado, o melhor é contribuir (20%) sobre um salário-mínimo. Não se preocupe sobre o impacto no valor do seu benefício futuro. Entre no site do Ministério da Previdência e emita a guia de recolhimento.

Mesmo desempregado, é possível manter a sua condição de segurado do INSS, veja os detalhes em www.previdencia.gov.br. Mas, esse período não contará como tempo de contribuição para a aposentadoria pelo INSS.

Sem registro na carteira, é possível se aposentar pelo INSS? Como minha mãe pode fazer?

Sim, desde que ela tenha contribuído para o INSS como facultativo ou autônoma.

Essa é maior preocupação dos filhos que fazem parte da chamada geração sanduíche, aquela que além de cuidar dos filhos precisa também arcar com as despesas dos pais, principalmente das mães que nunca contribuíram nem para a previdência social nem para previdência privada.

No entanto, são mães com 60 anos de idade ou mais, ou seja, com uma idade mais avançada para iniciar qualquer tipo de contribuição. Por isso, elas não têm direito ao INSS e, na maior parte dos casos, também não compensa pagar os atrasados.

Mas há a possibilidade de pedir o benefício assistencial ao idoso. A Lei Orgânica de Assistência Social (LOAS) prevê a concessão desse amparo assistencial. No entanto, para ter direito ao benefício, o idoso deve ter no mínimo 65 anos de idade, tanto o homem quanto a mulher, e não possuir outros rendimentos. É necessário preencher alguns requisitos para ter direito a esse benefício.

Dúvidas recorrentes

- **Vivo no exterior, mas quero voltar a morar no Brasil depois de aposentado. Posso contribuir para a Previdência Social?**

  Sim. Se você não trabalha e não contribui para a Previdência do país em que vive, deve contribuir no Brasil como facultativo.

- **Sou empreendedor individual, posso contribuir pelo teto?**
  Não. O empreendedor individual tem a opção de fazer a contribuição mensal reduzida – 5% do salário-mínimo. No entanto, estão enquadrados nesta legislação empreendedores com faturamento até 60 mil reais ao ano. Isso significa que sua renda média mensal pode chegar a 5 mil, abaixo do teto do benefício.

- **Sou sacoleira, declaro Imposto de Renda como isenta. Ainda assim, posso contribuir para a Previdência?**
  Sim, pode e deve, pois é uma garantia não só de que terá um rendimento na aposentadoria, mas também

de outros benefícios, como salário-maternidade, auxílio-doença etc.

- **Vivo do rendimento de aluguéis, é possível contribuir para a Previdência?**
  Sim, nesse caso você contribuirá como facultativo. O quanto contribuir dependerá da renda que você deseja ter na aposentadoria. Nesse caso específico, no entanto, lembre-se de que você já tem os aluguéis como complemento da aposentadoria.

- **Sou empresário e recebo um pró-labore mensal de mais de 5 mil reais. Contribuo pelo teto ou pelo mínimo?**
  O correto é contribuir pelo teto, porque seu pró-labore está na faixa mais alta da Previdência.

- **Meu marido está cumprindo pena em um presídio em São Paulo. Posso fazer contribuição para a aposentadoria dele?**
  Sim. Nesse caso, ele deverá se cadastrar como contribuinte facultativo.

- **Posso me aposentar pelo teto pagando pelo piso?**
  Não existe essa possibilidade.

- **Se eu contribuir pelo teto nos últimos cinco anos, manterei a minha aposentadoria pelo maior valor do benefício?**
  Não. Acreditar que o cálculo do benefício é feito com base nos últimos anos de contribuição é um erro comum.

- **É possível acertar contribuições que fiz abaixo do teto do INSS, enquanto trabalhei como autônomo?** Sim, mas não é simples. Você terá que ir ao INSS e levar documentos que comprovem o exercício da sua atividade como autônomo com remuneração maior do que a paga. Você pagará juros e multa. Isso poderá ser feito referente aos últimos cinco anos. Antes disso está prescrito.

Capítulo 5
Inflação, o grande inimigo

A inflação é uma grande inimiga de qualquer investimento de longo prazo, em especial para a aposentadoria, porque os 900 reais de hoje podem ser os 500 reais de amanhã.

Mas o que é inflação? É a variação dos preços de bens e serviços consumidos, que acaba por corroer o poder de compra de uma moeda.

Houve uma época em que os preços no Brasil chegavam a dobrar num único mês. Era um tempo de instabilidade monetária, em que o dinheiro perdia valor muito rápido e a economia brasileira vivia numa total desorganização.

Estávamos à beira de um colapso econômico e passamos por diversos planos que traziam promessas de controle inflacionário.

No entanto, desde meados de 1994, com o início do Plano Real, o Brasil tem trilhado o caminho de uma estabilização monetária, passando assim a conviver com taxas de inflação bem mais razoáveis do que aquelas que vivemos no final dos anos 1980.

Naquela época, os índices de inflação chegaram a atingir 80% ao mês. Para aqueles que não viveram o período de alta inflacionária, talvez seja difícil dimensionar o estrago que uma inflação descontrolada provoca nas finanças pessoais.

Desde meados de 1999, o Banco Central do Brasil adotou uma metodologia para a defesa da moeda, baseada em meta de inflação, utilizada em mais de 50 países. A meta de inflação é o mecanismo pelo qual o Banco Central anuncia publicamente o intervalo em que a taxa de inflação deverá ficar num determinado período. Se a inflação ameaça ultrapassar a meta, os juros sobem.

O Banco Central tem como função assegurar a estabilidade da moeda e do sistema financeiro. Proteger a moeda significa manter o seu poder de compra, ou seja, não deixar que a inflação acabe por corroer seu poder aquisitivo.

Mas, mesmo em níveis mais baixos do que os da década de 1980, a inflação nunca deve ser relegada a segundo plano. Combater a inflação, ou seja, preservar o nosso poder de compra, é fundamental para planejarmos o futuro. Mesmo pequenas taxas de inflação fazem estragos grandiosos no longo prazo. Numa estratégia de investimento para a aposentadoria, este é o inimigo número 1.

Warren Buffet, um dos investidores mais bem-sucedidos do mundo, disse sobre a inflação: "A aritmética afirma que a inflação é o tributo mais devastador de todos".

O tributo da inflação possui a fantástica capacidade de consumir capital. Para uma viúva cuja poupança rende 5%, não faz diferença pagar 100% de imposto de renda sobre os juros num período de inflação zero ou não pagar imposto num período de 5% de inflação. Nos dois casos, ela é taxada de tal forma que sua renda real é zero.

Não há proteção total contra a inflação, mas alguns ativos reais podem ajudar. Por isso, o importante é cuidar do rendimento real de suas aplicações.

Esse rendimento real é o que vai dar a certeza de que seu poder de compra está sendo mantido apesar da inflação. Mas em casos de crises, com a disparada das taxas de inflação, controlar suas aplicações financeiras exige um cuidado redobrado.

Uma forma de se proteger é buscar títulos de renda fixa indexados à inflação, como o Tesouro IPCA+.

Em momentos de hiperinflação, há uma tendência a buscar ativos reais, que são a riqueza material de uma sociedade, que é basicamente determinada pela capacidade produtiva de sua economia, isto é, pelos bens e serviços que são criados.

São ativos reais da economia: a terra, os imóveis, as máquinas etc. Tais ativos tendem a acompanhar a escalada de preços de uma economia atingida por taxas descontroladas de inflação. Não chegam a ser uma proteção perfeita contra a inflação, mas tendem a se mostrar mais seguros em períodos de desestabilização financeira.

É possível calcular a perda do valor do dinheiro?

Sim, há muitas formas, sempre utilizando as taxas de inflação. Uma regra muito utilizada para dimensionar a velocidade com que seu dinheiro perde valor é a chamada "regra 72". Segundo essa regra, se você dividir a taxa atual de inflação por 72, encontrará o número de anos em que os preços atuais terão dobrado de valor.

Então, fique de olho na meta de inflação. Se, por exemplo, ela for 4%, então divida 72 por 4. O resultado, 18 anos, é o tempo em que os preços terão dobrado.

Os índices de inflação medem o comportamento de preços praticados em determinadas regiões do país ou em determinados setores em períodos específicos. Os índices variam também na sua metodologia em relação ao mercado que pretendem acompanhar: se no atacado, no varejo ou no setor da construção civil, por exemplo.

Trata-se de um cálculo estatístico, que pode servir para corrigir o valor do dinheiro no tempo.

Os índices de preços ao consumidor podem variar pela faixa de renda, isso porque, para cada faixa de renda, a cesta de bens consumidos é diferente, assim como o peso de cada produto para cada uma dessas cestas.

No Brasil, os índices que possuem divulgação mais destacada nos meios de comunicação são o IPCA e o INPC, calculados pelo IBGE, o índice da Fipe e os IGPs da Fundação Getúlio Vargas.

Capítulo 6
Faça as pazes com a Receita Federal

Acredite, a Receita Federal pode ser uma grande aliada nessa jornada de construção de um patrimônio para a aposentadoria. Para tanto, é preciso que você conheça o seu perfil e os benefícios fiscais.

O primeiro passo é separar os recursos de longo prazo.

Parece óbvio, mas são muitos os investidores que não tomam o cuidado de identificar o que são investimentos de médio e longo prazos e com isso:

- perdem deduções no Imposto de Renda;
- perdem isenções fiscais;
- pagam alíquotas maiores de Imposto de Renda;
- deixam que a inflação destrua boa parte de seus recursos;
- não aproveitam oportunidades de mercado.

Daí a importância de fazer um exame cuidadoso para segregar o dinheiro que não será usado no curto prazo. O ganho com a economia de impostos não é desprezível.

Do ponto de vista fiscal:

Curto prazo é até dois anos.
Médio prazo, de dois a dez anos.
Longo prazo, acima de dez anos.

Benefício fiscal é a possibilidade de economizar impostos aproveitando alguns incentivos encontrados na legislação para estimular a poupança de longo prazo.

O governo criou incentivos tributários, visando o aumento da poupança interna. Nesse sentido, os investimentos para complementação da renda futura são francamente beneficiados com o diferimento do pagamento de imposto e até mesmo, em alguns casos, evitando-se a tributação.

Por exemplo:

- Transmissão de patrimônio via PGBL ou VGBL – os beneficiários indicados nesses planos receberão os recursos sem que tenham de constar no inventário e, por conseguinte, sem a tributação do imposto de transmissão;
- Plano em nome de filhos menores – nesse caso, os pais podem deduzir as aplicações da renda tributável (respeitando o limite de 12%) enquanto os filhos forem seus dependentes. É, por exemplo, um excelente meio para investir o dinheiro destinado ao pagamento da faculdade dos filhos. Como a tributação será de responsabilidade do filho e se dará por ocasião do resgate, é provável que a base

tributável não ultrapasse a faixa de isenção da tabela progressiva do imposto de renda da pessoa física, já que, nessa fase, o beneficiário ainda estará cursando a faculdade ou em início de carreira.

Planos de previdência

Os planos de previdência complementar do tipo PGBL e fundos de pensão são os veículos de investimento com um dos mais sedutores benefícios fiscais disponíveis no mercado brasileiro: a dedução de até 12% da renda tributável nas aplicações realizadas. Ou seja, os aportes de até 12% da renda tributável feitos ao longo do tempo para a construção do patrimônio futuro entram, na prática, como “despesas” dedutíveis no ajuste anual do Imposto de Renda.

Para usufruir corretamente desses benefícios, você precisa conhecer o seu perfil fiscal.

Quando faz um plano de previdência, você precisa tomar duas decisões logo na partida:

- optar entre um PGBL ou um VGBL;
- escolher a forma de tributação aplicada no momento do resgate da aplicação, se progressiva ou regressiva.

Dessas escolhas, resultará a economia fiscal possível de ser alcançada.

Pode ser que você conclua que, na verdade, precisará de uma carteira combinando diferentes tipos de planos com configurações fiscais diferentes.

Para decidir em que tipo de plano ou planos de previdência aplicar seus recursos, é preciso conhecer alguns conceitos tributários que serão expostos a seguir.

Todos os anos, você apresenta a sua declaração de imposto de renda da pessoa física à Receita Federal. Nela, estão contemplados os ganhos e as rendas auferidas durante o ano, assim como as despesas dedutíveis. Como resultado da declaração, você apura um valor de imposto a pagar ou uma restituição, ou seja, um ajuste entre o imposto devido e o imposto recolhido por antecipação durante o ano.

Na declaração, constam rendas e ganhos tributados pela tabela progressiva do imposto de renda (tributação progressiva) e outros tributados exclusivamente na fonte.

Tributação progressiva é a que é feita conforme a tabela progressiva do imposto de renda. A progressividade da tributação é uma forma de justiça fiscal, pois aqueles que apresentam uma base tributável maior estão sujeitos a alíquotas que vão aumentando progressivamente, partindo de uma faixa de isenção, passando pelas alíquotas de 7,5%, 15% e 22,5%, até chegar à alíquota máxima de 27,5%. Atenção, porque isso poderá mudar no futuro após a Reforma Tributária.

Na determinação da base tributável pela tabela progressiva, podem ser deduzidas despesas como as médicas e as com dependentes. É aqui também que pode ser feita a dedução de 12% da renda tributável nas aplicações em PGBL.

Já a tributação exclusiva na fonte é definitiva, ou seja, o imposto pago não pode ser compensado no ajuste anual.

São tributados exclusivamente na fonte o ganho de capital e algumas aplicações financeiras.

Ganho de capital – É o ganho obtido na alienação de bens ou direitos. Por exemplo, o ganho auferido na venda de um imóvel ou nas negociações com ações em bolsa de valores. A alíquota é de 15%.

Aplicações financeiras – são, basicamente, as aplicações em renda fixa feitas diretamente (compra de títulos do governo ou de certificados de depósito bancário – CDB, por exemplo) ou por meio de fundos de investimento.

A tributação na fonte das aplicações financeiras de renda fixa é feita com alíquotas que variam de acordo com o prazo da aplicação, o que a caracteriza como uma tributação regressiva.

Na tributação regressiva, quanto maior o prazo da aplicação, menor a alíquota.

PRAZO DA APLICAÇÃO	ALÍQUOTA
Até 2 anos	35%
De 2 a 4 anos	30%
De 4 a 6 anos	25%
De 6 a 8 anos	20%
De 8 a 10 anos	15%
Mais de 10 anos	10%

Para definir se deve comprar um PGBL ou VGBL, você precisa responder a uma outra pergunta:

Conseguirei usufruir do direito de descontar as aplicações que farei da minha renda tributável?

Se a resposta for sim, você deve optar por um PGBL.

Para saber, é necessário simular sua declaração de IR, utilizando o modelo completo, pois somente nesse modelo é possível deduzir o valor das aplicações no PGBL. Lembrando que o limite de dedução é de 12% da renda tributável anual.

Esse é o valor máximo de contribuição para o aproveitamento integral do benefício fiscal.

Perceba que, na prática, as aplicações entram como uma "despesa" dedutível da base tributável pelo IR. Mas tal dedução só será possível no modelo completo da declaração.

Por outro lado, se, após a simulação, ficar constatado que o melhor modelo de declaração é o simplificado, não haverá vantagem tributária na aplicação em um PGBL.

É muito comum que, ao negociar o plano, o vendedor simplesmente pergunte se você faz a declaração do IR pelo modelo simplificado ou completo para indicar um VGBL ou um PGBL. Essa é uma forma errada de decidir entre um ou outro plano. Não se pode se basear na declaração passada. Para chegar à decisão correta, é preciso fazer a simulação, incluindo o valor das contribuições para o plano, conforme explicado anteriormente.

Agora que você já sabe qual plano escolher, PGBL ou VGBL, é hora de decidir qual será a tributação usada na hora do resgate: tributação regressiva ou progressiva.

Atenção!

A tributação se dá no resgate, mas a escolha da forma de tributação tem de ser feita no momento da contratação do plano. Se a escolha não for expressa, ficará subentendido que a tributação regressiva foi a escolhida.

Outra observação importante. Quando se trata de plano de previdência, é preciso ter em mente duas fases distintas:

- **a fase de acumulação, em que são feitos os aportes no plano;**
- **a fase de resgate do benefício.**

Quando tratamos da escolha do plano, PGBL ou VGBL, foram levados em consideração os benefícios tributários da fase de acumulação. Ou seja, seria vantajosa a escolha de um PGBL para aqueles que, na fase de acumulação, pudessem deduzir as aplicações no plano da base tributável, o que só seria possível no modelo completo da declaração do IR.

Agora, passamos a tratar dos aspectos tributários da fase de resgate do benefício. Cuidado, porque o perfil de receitas e de despesas do participante do plano pode se alterar de uma fase para a outra e, na verdade, é muito provável que isso aconteça. A dificuldade está em projetar, no momento da contratação do plano, qual será seu perfil de receitas e despesas na fase de resgate dos benefícios, que deverá ocorrer num horizonte de 20 anos à frente.

Então, vamos retomar. Que forma de tributação escolher, progressiva ou regressiva?

Tributação progressiva

Ao escolher a tributação progressiva, você estará decidindo que os valores de resgate do benefício comporão a base tributável sobre a qual incidirá a tabela progressiva do IR.

Assim, quanto maior for o resgate mensal de seu plano, maior será a alíquota de IR. É a mesma lógica da tributação do seu salário.

Nesse modelo de tributação, não importa o prazo pelo qual os recursos estão investidos. Esse modelo de tributação é vantajoso para aqueles que têm muitas despesas dedutíveis do IR.

Veja, se você teme que, na fase de resgate, precisará de tratamentos de saúde dispendiosos – planos de saúde, exames, médicos, hospitais –, optar pela tributação progressiva seria o mais indicado.

Tributação regressiva

A tributação regressiva é feita exclusivamente na fonte. Sobre cada valor resgatado incidirá uma alíquota do IR na fonte, que dependerá do prazo da aplicação feita no plano de previdência. Quanto maior o prazo, menor a alíquota.

Os resgates serão feitos das aplicações mais antigas. E, consequentemente, as alíquotas mais favoráveis serão aplicadas.

Portanto, a alíquota, na tributação regressiva, começa em 35% para aplicações feitas até dois anos. Repare que um erro aqui pode causar um estrago fenomenal, pois dificilmente um rendimento será tão expressivo para compensar tamanha mordida.

Então, tenha em mente que esse tipo de tributação deve ser escolhida quando você tem certeza de que não vai precisar dos recursos no curto prazo.

Estas perguntas vão ajudar na escolha do tipo de tributação:

1. **Quando pretendo fazer o primeiro resgate?** A tributação regressiva é indicada para prazos maiores de resgates.
2. **Terei muitos gastos com planos de saúde, médicos, dependentes, enfim, despesas dedutíveis na declaração de ajuste anual do IR?** A tributação progressiva é a mais indicada para os que têm muitas despesas dedutíveis.

A alternativa de tributação regressiva ganha competitividade quanto maior for o benefício a receber e menor as despesas para abater.

Para saber qual é o seu caso:

1. **Simule qual será sua renda na aposentadoria: benefício + INSS + outros rendimentos tributáveis, como recebimento de aluguel.**
2. **Liste todas as despesas dedutíveis. Despesas com saúde em geral são as de maior impacto.**
3. **Veja em que faixa da tabela progressiva do IR você se enquadrará.**
4. **Compare a tributação progressiva com a regressiva.**

Os planos de previdência são uma excelente alternativa aos investimentos com tributação exclusiva na fonte.

Um exemplo clássico: você vive dos rendimentos de aplicações em CDBs, que têm tributação exclusiva na fonte. Nesse caso, você é tributado na fonte e não tem negociação.

Mas se você fizer essa aplicação por meio de um VGBL com tributação progressiva, poderá resgatar os rendimentos mensalmente, ainda que no curto prazo, e poderá compensar o imposto pago na declaração anual de IR. Se seus gastos com saúde são altos, as chances são grandes de você engordar sua restituição e receber de volta todo o imposto que pagou no resgate.

Mas imagine que você não tenha tantas despesas dedutíveis assim e que só precisará utilizar os rendimentos do plano num futuro distante, por exemplo, após dez anos. Compare: aplicando em CDB, será tributado a uma alíquota de 15%; se aplicar por meio de um VGBL com tributação regressiva, a alíquota será de 10% (para prazo acima de dez anos).

Como declarar meu Plano de Previdência no ajuste anual do Imposto de Renda?

Quem aplica em PGBL ou VGBL, deve prestar muita atenção na forma como declara esses investimentos no Imposto de Renda.

Fique atento a:

1 – PGBL/Fapi/Fundos de pensão/ Planos tradicionais

- **Contribuições efetuadas no ano base, inclusive em nome dos dependentes: dedução de até 12% dos rendimentos tributáveis.**
- **Condição: contribuição para a previdência social, inclusive do dependente maior de 16 anos.**
- **Atenção! o saldo não deve ser informado na declaração de bens. Você deve declarar o valor das aplicações feitas no ano na declaração de DESPESAS.**

2 – VGBL

- **A declaração do VGBL deve ser em bens e direitos, pois o VGBL é um ativo. Você deve declarar o valor das aplicações realizadas no ano. Mas apenas o valor total das aplicações, sem o rendimento no período.**

Em nenhum dos dois casos você declara o saldo e o rendimento da aplicação.

Nada mais desaconselhável do que fazer resgates altos nos planos de previdência de uma só vez. Esse é um terreno em que a calma e o planejamento fazem toda diferença entre o caminho que seu dinheiro irá percorrer, se para o seu bolso ou se para o caixa do governo.

Veja bem, não estamos sugerindo em nenhuma hipótese que você deixe de pagar o imposto devido. Mas atenção à última palavra: devido. Se a Receita lhe dá o benefício, por que não utilizar? Por isso, planeje seus resgates.

Se a tributação é regressiva, resgate as aplicações de maior prazo. Veja, se resgatar os recursos que estão aplicados há mais de dez anos, a alíquota que incidirá será de 10% apenas, seja qual for o valor sacado.

Já se a tributação do seu plano for progressiva, então não é o prazo que conta, mas o montante do resgate. Quanto menor o valor, menor será a tributação pela tabela progressiva do IR. Assim, divida o seu resgate em parcelas mensais que fiquem dentro das menores faixas de tributação da tabela do IR. E não se esqueça de usar as despesas dedutíveis no ajuste anual.

Na tributação progressiva, você receberá uma mordida de 15% de imposto de renda retido na fonte no momento do resgate. Mas, ao fazer a declaração anual do IR, você poderá compensar esses valores pagos antecipadamente e, quem sabe, receber uma restituição.

Já na tributação regressiva, o desconto a ser aplicado no resgate será a alíquota estabelecida, proporcional ao tempo da aplicação, e não será possível compensar o imposto pago na fonte na declaração de ajuste anual.

Capítulo 7
A previdência complementar

O que faltar para complementar o seu padrão de vida na aposentadoria é de sua responsabilidade. E, para isso, existe a previdência complementar. Ela é a parte da previdência que está no mercado e não no governo, ou seja, a previdência privada.

Quando pensar em previdência, você deve dividi-la em dois pilares: o público e o privado. A previdência oficial, como já sabe, está sob o manto do INSS no caso dos trabalhadores que estão sob o regime geral de previdência, ou seja, aqueles que não trabalham no setor público.

Já a previdência complementar está disponível no mercado, por meio dos planos de previdência vendidos por seguradoras (previdência aberta), ou por meio dos fundos de pensão (previdência fechada), ou ainda criando você mesmo uma carteira de investimentos, cuja meta será complementar seus rendimentos depois de aposentado.

A Previdência Complementar é um regime de previdência privada voluntário e está baseado na constituição de reservas que deverão ser utilizadas no futuro para complementar a sua aposentadoria oficial.

1. **Previdência Social: mantida pelo Governo Federal**

    - **regime de caixa;**
    - **compulsória;**
    - **teto para o benefício.**

2. **Previdência Complementar Fechada: oferecida pelas empresas ou associações de classe aos seus trabalhadores ou associados/vinculados, respectivamente**

    - **regime de capitalização;**
    - **voluntária;**
    - **valor do benefício é função das reservas e expectativa de vida.**

3. **Previdência Complementar Aberta: comercializada pelas instituições financeiras a qualquer pessoa física**

    - **regime de capitalização;**
    - **voluntária;**
    - **valor do benefício é função das reservas e expectativa de vida.**

Todo trabalhador com um salário acima do teto da previdência oficial precisa de uma previdência complementar.

Esse é o conceito que por anos valeu para a previdência privada ou previdência complementar que, como o próprio nome já diz, a função seria complementar sua renda na aposentadoria.

Saber então o quanto seria preciso guardar para a aposentadoria era uma matemática simples, bastava subtrair do seu salário o teto da previdência oficial e estava lá o resultado do quanto você deveria perseguir como meta para complementar sua renda. E sempre que recebia aumentos, ajustava essa conta.

Mas os tempos são outros. Os planos de previdência no Brasil cresceram e apareceram, e hoje servem para muitas finalidades, até mesmo complementar a sua renda! Essa é só mais uma atribuição que pode ser dada aos planos.

O benefício fiscal é a grande vantagem dessa forma de aplicação.

As carteiras destinadas à acumulação de capital para a aposentadoria desfrutam de benefícios fiscais que podem ajudar o seu patrimônio a crescer.

O pagamento de imposto é diferido, ou seja, adiado, porque você só irá pagar quando for resgatar a sua aplicação. E se fizer um planejamento fiscal, poderá reduzir bastante o custo tributário. Mas os planos de previdência têm ainda outros benefícios além dos fiscais:

Disciplina	**A rigor, nada obriga que você faça aportes todo mês, mas a enorme maioria dos planos vendidos tem essa configuração de aplicações mensais e, pode apostar, você vai encarar esse pagamento como uma prestação. Dessa forma, incluirá o pagamento da aposentadoria no seu orçamento doméstico, o que será de grande valia para a construção do seu patrimônio futuro.**

Gestor profissional	**Na prática, um plano de previdência é um fundo de investimento, onde um gestor profissional com um time de analistas cuidará das suas aplicações. É ele quem escolherá as melhores ações e/ou os melhores papéis de renda fixa para comprar para a sua carteira de investimento.**
Transmissão de patrimônio	**Os planos de previdência, em especial os VGBLs, são muito recomendados como instrumentos eficientes para a transmissão de patrimônio, porque geram uma economia tributária, evitam despesas de processos de inventário e ainda dão liquidez aos herdeiros, pois, em geral, o processo de liberação dos recursos leva menos de um mês. Note, contudo, que a legítima deve ser respeitada, ou seja, o quinhão por lei destinado a cada herdeiro.**
Blindagem contra dívidas	**Outra vantagem de deixar seus recursos para a aposentadoria num plano de previdência é que, dessa forma, eles ficam blindados em caso de processos de execução de dívidas por credores. No entanto, atenção: essa blindagem só é válida em caso específico de recursos destinados a complementação da aposentadoria. Se for configurado que as aplicações foram feitas apenas para escapar do processo de execução, a blindagem não é válida.**

Mas é preciso prestar atenção ao custo. Os planos de previdência vendidos em agências bancárias costumam ter taxas de administração e carregamento muito elevadas. Já foram maiores, mas ainda são altas, principalmente se comparadas aos planos fechados que estão cada vez mais disponíveis a um número maior de pessoas e não só aos trabalhadores de empresas que têm esse benefício.

O que é PGBL?

É o plano de previdência aberta, que conta com o benefício fiscal de 12%. O Plano Gerador de Benefícios Livre (PGBL) foi criado em novembro de 1997 e seguiu o modelo dos planos de previdência mais modernos utilizados em economias mais desenvolvidas, como nos Estados Unidos.

Trata-se de um plano bastante flexível, no qual você escolhe o volume e a periodicidade da contribuição. Mas o seu maior atrativo é poder deduzir as aplicações do IR a pagar no limite de 12% de sua renda tributável.

Não há também nenhuma penalidade, caso você interrompa as suas contribuições. Mas note que, embora não seja aplicada nenhuma penalidade a quem interrompa as contribuições aos planos de previdência, o valor do benefício que você receberá está diretamente relacionado ao total do patrimônio acumulado. Ou seja, se você reduzir o tempo ou valor de contribuições, isso será refletido no seu benefício futuro.

Na prática, funciona como um fundo de investimento, no qual você faz aplicações periódicas. Quanto mais disciplinado você conseguir ser e mais regulares forem suas contribuições, melhores serão os resultados.

O PGBL é um plano de contribuição definida (CD), em que não há garantia mínima de rentabilidade, mas a totalidade do retorno obtida com as aplicações financeiras realizadas com suas contribuições serve para incrementar seu patrimônio.

Desde que seja cumprida a carência de 60 dias, os resgates nos PGBLs também não sofrem nenhum tipo de penalidade (mas atenção à tributação que pode ser altíssima dependendo do prazo da aplicação).

O que é VGBL?

É outra opção de plano de previdência aberta para aqueles que não usam o benefício fiscal dos 12%. O Plano Vida Gerador de Benefício Livre (VGBL) é uma derivação do PGBL e começou a ser colocado no mercado em julho de 2001. Foi confeccionado nos mesmos moldes do PGBL, mas a diferença básica entre os dois planos está relacionada aos benefícios fiscais de cada um deles. Enquanto no PGBL você pode deduzir até 12% da sua renda tributável no ano, no VGBL, o investidor não conta com esse benefício.

No entanto, no VGBL, o investidor é tributado apenas sobre o ganho de suas aplicações financeiras na hora do resgate do plano.

Já no PGBL, a tributação é feita sobre todo o valor resgatado.

PGBL ou VGBL?

Para definir qual é o melhor plano, o vendedor perguntará se você faz a declaração de IR simplificada ou completa.

Esqueça. Esse não é o caminho mais eficiente. Inverta o processo. Simule primeiro a declaração de IR contabilizando as aplicações como despesa.

1. Veja o total da sua renda tributável.
2. Multiplique por 12% para saber quanto poderá deduzir como despesa na sua declaração.
3. Simule a declaração contabilizando todas as suas despesas dedutíveis, como saúde, dependentes etc. e acrescente o valor de 12% de sua renda tributável.
4. Veja o que o programa da Receita Federal irá sugerir, se ainda mostrará a simplificada como a melhor opção ou se agora indicará a completa.
5. Utilize a planilha para ajudar nas contas.

Se a nova análise indicar que o melhor é fazer um PGBL, pois conseguirá restituição no IR ou pagará menos imposto, não há nada a fazer que mude a situação do mesmo ano, mas você poderá planejar para ter uma maior eficiência tributária no ano seguinte.

- Nesse caso, a melhor forma de se planejar é:

    1. Divida a sua renda tributável pelo número de meses que faltam para terminar o ano.
    2. Invista esse valor mensalmente num PGBL (considerando todos os cuidados de custos).

Dessa forma, no próximo ano, quando fizer a declaração anual, você já poderá incluir as aplicações para usufruir do abatimento da sua renda tributável.

Uma alternativa é entregar ao departamento de Recursos Humanos da sua empresa o comprovante do depósito mensal para que o desconto do IR na fonte seja menor.

O que são BD, CD e CV?

São os tipos de financiamentos da previdência: benefício definido, contribuição definida e contribuição variável.

A Previdência é dividida em três partes: o Regime Geral de Previdência Social, os Regimes Próprios de Previdência dos Servidores Públicos e o Regime de Previdência Complementar.

No passado, era comum que esses três regimes fossem financiados por uma forma muito semelhante, cujo pilar era o regime de caixa. Hoje, apenas o Regime Geral de Previdência Social, o INSS, conserva essa modalidade. Os outros regimes estão migrando para a forma de financiamento via capitalização.

O aumento da expectativa de vida e a queda brutal na taxa de natalidade que vem ocorrendo em todo o mundo inviabilizam o financiamento da previdência pelo regime de caixa, que é o pilar tanto para o INSS como para os planos de previdência complementar com o modelo de benefício definido. Daí a necessidade de reformas no primeiro caso, como ocorreu no governo Bolsonaro.

Já na previdência complementar, o que vem ocorrendo desde o final dos anos 1990 é uma forte migração para os planos de contribuição definida.

Modelo	O que é	Qual o risco
Benefício Definido (BD)	Modelo pelo qual o participante conhece o valor do benefício já na partida. A entidade de previdência assume o compromisso de pagar os benefícios predefinidos e o participante arca com uma mensalidade determinada pela empresa durante alguns anos para ter direito ao benefício.	A empresa patrocinadora ou a seguradora que administra o plano pode ficar insolvente e os ativos não serem suficientes para honrar os benefícios definidos. Sua maior preocupação deve ser em relação à saúde financeira do patrocinador do fundo.
Contribuição Definida (CD)	Nesse caso, suas contribuições é que são definidas previamente. A entidade de previdência se compromete a administrar os recursos que você entrega a ela. A empresa passa então a ser responsável pela gestão financeira desse dinheiro e vai pagar a você o benefício durante sua aposentadoria com base na capitalização das contribuições.	O valor do seu benefício vai depender basicamente da capitalização de suas contribuições. Por isso, é importante acompanhar a gestão do fundo, para saber se os gestores estão conseguindo a melhor rentabilidade para os seus recursos.
Contribuição Variável (CV)	Combina as formas de contribuição definida durante a fase de acumulação de recursos e de benefício definido na fase de recebimento da pensão.	Um mix dos riscos embutidos nos planos CD e BD.

Quando for escolher a sua previdência complementar, você precisa avaliar: seu perfil fiscal, seu apetite para risco e o histórico da instituição gestora do plano.

Como em qualquer investimento, as carteiras dos planos de previdência podem variar de acordo com o risco das aplicações a que estão expostas.

Os planos de previdência complementar do tipo PGBL e VGBL podem ter carteiras 100% aplicadas em títulos de renda fixa do Tesouro Nacional (as mais conservadoras) ou dedicar uma parcela do patrimônio em aplicações em ações, imóveis e até mesmo no exterior.

Observe que é fundamental que você conheça qual o risco de investimento a que seu plano está exposto de forma a não ter prejuízos desnecessários. Algumas vezes, um retorno negativo do fundo em determinado período reflete a contabilidade do preço do ativo que ele tem em carteira (marcação a mercado), que oscila por conta de um momento de incertezas da economia, mas como não será necessário resgatar a aplicação, você pode esperar um momento mais favorável para que o preço se recupere.

Em outros casos, pode refletir de fato um ativo de baixa qualidade. Conhecer qual é o motivo das cotas negativas nos fundos faz a diferença entre realizar um prejuízo ou aproveitar uma oportunidade de baixa do mercado para fazer excelentes aplicações.

Quais os custos dos planos de previdência?

O custo de um plano de previdência é a soma da taxa de administração e da taxa de carregamento que você paga pelo plano.

A taxa de administração é um percentual cobrado sobre o patrimônio líquido do fundo e é, na prática, um pagamento que você faz ao gestor da carteira e a sua equipe pelo serviço que prestam.

Já a taxa de carregamento é aplicada sobre as contribuições que você faz ao plano e se refere a gastos que a empresa tem na comercialização do plano. Atenção a essa taxa. Muitos planos, hoje em dia, não a cobram mais.

Nos dois casos, as taxas podem ser extremamente altas quando você compra o plano diretamente na agência do banco sem o auxílio de um corretor ou sem fazer uma pesquisa antecipada. Sempre que for escolher um plano, faça como em qualquer outro produto: pesquise o preço.

Com a entrada dos fundos fechados nesse mercado, os custos tiveram um impacto da concorrência e cederam bastante se comparados ao passado.

Isso porque os fundos fechados são entidades de previdência que não visam lucro da empresa, mas exclusivamente o retorno dos associados. Assim, costumam ter taxas de administração extremamente baratas.

Aplicar num plano de previdência oferecido pela empresa em que você trabalha provavelmente tem um custo bem mais em conta do que se você comprasse individualmente. Os departamentos de RH das empresas costumam fazer boas negociações e excluir a taxa de carregamento.

Muitas empresas de previdência privada têm uma política de zerar a taxa de carregamento à medida que o prazo de sua aplicação for maior. Ou seja, elas premiam o investidor de longo prazo reduzindo o custo do plano.

O custo de um plano não é a única variável que você deve olhar na hora de comprar um plano, no entanto, ele tem um peso importante. Lembre-se: esse custo sai do patrimônio da sua aposentadoria e, no Brasil, ele ainda é muito alto. Plano com taxas elevadíssimas pode fazer a diferença entre você ter um ganho real (acima da inflação) ou não.

Quando investe num plano inadequado ao seu perfil de contribuinte, você já começa a perder dinheiro. Veja este exemplo: num PGBL, a tributação ocorre sobre o valor total do resgate, e isso porque, em tese, você usufruiu durante anos o benefício fiscal de ter descontado as aplicações do seu IR. Nesse caso, o risco é você ser tributado no resgate de uma forma mais pesada sem ter se beneficiado de pagar menos imposto nos anos anteriores.

Mas há outros riscos:

Risco de a empresa que vendeu o plano não honrar seus compromissos	**Esse não é um risco trivial, principalmente em aplicações de longo prazo. Portanto, não se descuide; na hora de comprar um plano, escolha empresas de tradição no mercado, com boa saúde financeira e um histórico exemplar no pagamento dos benefícios. Veja quem são os controladores e seus antecedentes no mercado. Sua atenção deve permanecer durante toda a vigência do plano e a qualquer sinal de problemas com a empresa, recorra a Susep, que é o órgão regulador e fiscalizador desse mercado.**

Risco de o gestor não entregar uma boa performance	**Nesse caso, há risco de perdas com o investimento, ou de suas aplicações não conseguirem sequer acompanhar a inflação. Ou seja, os investimentos que deveriam ajudar a engordar seu patrimônio, na verdade, podem até mesmo corroer suas aplicações. Acompanhe a performance dele e compare sempre com a média do mercado. Se não estiver satisfeito, migre para outro plano.**

Como saber quais são os investimentos que o gestor do plano está fazendo?

Tanto nos planos abertos como nos fechados, o gestor é obrigado a fornecer regularmente um extrato dos investimentos e/ou sempre que você pedir.

É importante conhecer a política de investimentos do fundo onde seus recursos estão depositados, principalmente para saber se você está confortável com o risco que está assumindo.

Ao analisar as informações, responda:

- **Qual parcela do fundo está em renda fixa? Há investimentos em ações?**
  Títulos de renda fixa costumam ser mais conservadores do que aplicações em ações. Note que nos fundos direcionados à previdência do tipo PGBL e VGBL a

legislação diz que não podem ter mais do que 49% da carteira direcionada ao mercado de ações.

- **Quais os papéis de renda fixa constam na carteira? São títulos públicos ou privados?**
  Títulos públicos do Tesouro Nacional têm um risco menor do que os títulos privados, emitidos por empresas ou bancos. Note que essa pergunta basicamente apontará qual o risco de crédito da carteira, ou seja, o risco de o emissor do papel não honrar o pagamento do título no seu vencimento.

- **Qual o prazo dos títulos de renda fixa? São papéis pré ou pós-fixados?**
  Aqui, basicamente, você identificará o chamado risco de mercado, ou seja, o risco de oscilação de preço dos papéis de renda fixa. Os títulos pós-fixados são os mais conservadores nesse tópico, pois acompanham as taxas diárias do mercado. Já os títulos prefixados embutem um risco maior, pois fixam uma taxa que não acompanhará o mercado, por exemplo, se a taxa básica da economia subir. No entanto, se a direção do mercado for contrária, ou seja, a taxa básica cair, esses títulos, por garantirem uma taxa maior, tendem a se valorizar.

- **Que ações fazem parte da carteira?**
  Lembre-se, quando compra uma ação, você passa a ser sócio de uma empresa, mesmo que você tenha investido nesse mercado por meio de fundos. Assim, verifique na carteira de quais empresas você é sócio e

analise o quanto se sente confortável nessa posição. Quem são os controladores da empresa? Em qual setor que ela atua? O que os analistas estão prevendo para a empresa? São questões desse tipo que você deve checar.

Estou preparado para esses riscos?

Esse é o ponto de partida, saber se você suporta os solavancos do mercado quando eles aparecerem.

Até que ponto está preparado para perdas em busca de um retorno maior? Essa não é uma pergunta simples de ser respondida e vai exigir muita honestidade de sua parte.

É muito comum que em épocas de euforia de mercado os investidores se sintam mais dispostos a assumir riscos. Embalados por altas consecutivas, é difícil enxergar no horizonte nuvens que sinalizem raios e trovoadas para suas aplicações. Mas tenha certeza de que os momentos de euforia, assim como as crises, também passam, e quando o nervosismo se instala é fundamental que você esteja em aplicações que respeitem seu apetite para risco.

Outro ponto é o prazo da sua aplicação. Quanto mais distante estiver da sua aposentadoria ou do momento de resgatar os recursos, mais riscos poderá assumir, porque terá a tranquilidade para esperar os momentos de baixa passarem.

Por fim, ter feito o dever de casa, conhecendo a carteira, o gestor e os processos pelos quais passam as decisões de investimentos o deixará mais confortável em momentos de estresse de mercado, porque terá confiança de que seu patrimônio está nas mãos de bons profissionais.

Como as aplicações nos planos de previdência são contabilizadas?

Na verdade, trata-se na prática de aplicações em fundos de investimento e obedecem a regra dessas carteiras.

Esse é um aspecto muito relevante, porque a forma como os ativos da carteira do fundo é contabilizada dá mais transparência à gestão e espelha o risco a que a carteira está exposta.

Quando não contabiliza corretamente os ativos, ou seja, não registra o preço correto que o ativo vale em mercado (marcação a mercado como essa prática é conhecida pelo jargão do mercado), o administrador do fundo dá uma informação errada ao cotista, dizendo que ele tem um valor maior do que ele tem na verdade.

Veja, portanto, como é feita a política de precificação de ativos no regulamento dos fundos.

Basicamente, as ações devem ser contabilizadas pelo valor médio de sua cotação diária em bolsa. Já os títulos de renda fixa devem ser contabilizados pelo preço que são negociados no mercado e não pelos juros que prometem pagar. Isso porque, se o gestor precisar vender esses títulos antecipadamente, poderá realizar um ganho (se eles estiverem sendo negociados a um valor maior daquele que foi comprado) ou uma perda, e o cotista precisa saber disso.

Atenção!

Desconfie de cotas de fundos que não oscilam. A baixa oscilação espelha um risco menor da carteira, mas também pode ser uma sinalização de que o administrador não está precificando corretamente os ativos.

Crises financeiras podem destruir minha aposentadoria?

Sim, mas também podem ser excelentes oportunidades para engordar muito a sua carteira de investimento.

Para aqueles que não têm urgência dos recursos, ou seja, podem esperar o melhor momento para resgatar as suas aplicações, as crises podem, sim, ser excelentes oportunidades de engordar fortemente o seu patrimônio.

Isso porque em momentos de incerteza na economia, que embalam as crises financeiras, bons ativos podem ser comprados a preços muito baixos e isso ocorre em praticamente todos os mercados. Acontece com ações, com imóveis e até mesmo com títulos de renda fixa.

O problema é que, em meio a uma crise, nunca se sabe ao certo em quanto tempo esses ativos retornarão ao preço justo. E é aqui que mora o risco: você precisar vendê-los antes de terem se valorizado novamente.

Quem garante os planos de previdência?

Ninguém garante, daí a importância de se manter vigilante e fazer um dever de casa antes de comprar o plano.

Diferentemente do passado, o mercado brasileiro atual tem mais transparência e mais controle por parte dos órgãos reguladores, o que dá uma maior segurança e credibilidade às empresas que atuam nesse setor.

No entanto, você deve acompanhar regularmente as notícias sobre a empresa seguradora escolhida para gerenciar o seu plano de previdência. A legislação tem uma série de exigências que visam garantir a solvência dessas empresas, mas você também deverá fazer o seu trabalho de acompanhamento e notificar a Superintendência de Seguros Privados (Susep) sempre que se sentir desconfortável com alguma informação.

Essas empresas publicam informações semestrais e anuais sobre suas atividades e seus resultados, que podem ser obtidas na própria seguradora ou na Susep.

Os planos de previdência complementar só servem para a aposentadoria?

Não, eles são indicados para investimentos de longo prazo.

Como explicado anteriormente, os benefícios fiscais embutidos nos planos de previdência são ingredientes valiosíssimos para as suas aplicações de longo prazo. Assim, mesmo que seu investimento não seja para complementação de renda na aposentadoria, sirva-se dos planos de previdência como veículos de investimento sem a menor cerimônia. Alguns exemplos em que esses planos podem ser muito eficientes:

- **Montar o próprio negócio**
  Muitos brasileiros já estão utilizando os planos de previdência com essa finalidade. Enquanto trabalham, reservam algumas economias para financiar no futuro o sonho de ter a própria empresa. Nesse caso, paralelamente ao acúmulo dos recursos, eles também constroem o plano de negócios da futura empresa, pesquisando mercado e acertando as linhas mestras para colocar a empresa de pé mesmo antes da aposentadoria.

- **Faculdade dos filhos**
  Essa é outra utilização nobre para esses planos, pois gera uma eficiência fiscal tremenda. É possível abater as aplicações do plano no período de acumulação do patrimônio e no momento do resgate, e como seu filho provavelmente estará na faixa de isenção do imposto, não será tributado.

- **Transmissão de patrimônio**
  Outro caminho eficiente para o planejamento fiscal, além de deixá-lo no controle do seu patrimônio, mesmo depois de ter feito a partilha dos recursos. Os herdeiros receberão os recursos sob forma de seguro de vida e, por isso, não serão tributados. Além disso, você estabelece quem receberá (sempre respeitando os quinhões de cada herdeiro estabelecido por lei) e a forma como serão feitos os pagamentos.

Os erros mais comuns ao se comprar um plano de previdência estão relacionados *à tributação:*

Não usar a totalidade do benefício fiscal	**Ainda há contadores que acham que só é possível abater de um plano, mas na verdade você pode abater até 12% de sua renda, não importa que as aplicações estejam distribuídas em diversos planos.**
Não incluir o benefício dos dependentes	**Ter planos para dependentes e não utilizar o benefício fiscal na sua própria declaração de IR.**

Resgatar e não migrar	Muitas vezes, insatisfeito com a performance do plano, o investidor resgata os recursos e faz aportes em outro plano. Nesse caso, será tributado, muitas vezes, com custo altíssimo. O correto é usar a portabilidade, que é o direito que você tem de trocar de gestor sempre que quiser, sem precisar pagar o imposto na movimentação.
Declaração de IR	Lançar na declaração VGBL como PGBL – só o PGBL tem o benefício fiscal de abater as aplicações da sua renda tributável e a Receita Federal já está de olho nas declarações com erros.
Economia de impostos	Não utilizar o VGBL como instrumento para transferência de patrimônio.
Tributação incorreta	Não escolher a tributação correta para resgate – a progressiva serve, por exemplo, para quem tem muitas despesas para abater; e a regressiva; para quem só pensa em resgatar acima de seis anos.

Capítulo 8
Os fundos de pensão

Fundos de pensão são entidades fechadas de previdência privada, uma alternativa para a complementação da sua aposentadoria.

Ao contrário da Previdência Social, que é obrigatória para todo trabalhador que está no mercado formal, as entidades fechadas de previdência são organizadas por uma empresa ou grupos de empresas, e dirigidas aos empregados que desejam se inscrever nelas, em caráter facultativo.

Os fundos de pensão realizam investimentos com a finalidade de garantir a seus participantes o pagamento de benefícios complementares aos da previdência oficial.

As entidades fechadas não têm fins lucrativos, são proibidas de distribuir os lucros de suas aplicações, e esse é um ponto que você deve prestar muita atenção, porque faz com que essa alternativa de previdência complementar seja muito competitiva. Elas possuem também autonomia administrativa e financeira e formam reservas técnicas a partir de um processo ininterrupto de investimentos das contribuições mensais dos participantes e das empresas patrocinadoras, visando o pagamento de benefícios aos seus participantes, conforme contrato previamente assinado.

As contribuições formam um fundo, e seu patrimônio é aplicado em imóveis, ações e renda fixa, dentro dos limites estabelecidos pelo Conselho Monetário Nacional (CMN).

Até recentemente, os fundos de pensão estavam disponíveis apenas para trabalhadores de empresas que oferecessem esse tipo de benefício. A empresa é a chamada patrocinadora do fundo e, em geral, também faz contribuições em nome de seus funcionários.

Embora esse modelo seja ainda a linha mestra da previdência fechada, ele começa a sofrer ajustes que permitem que familiares de trabalhadores dessas empresas também possam utilizar o mesmo veículo para acumular reservas para a aposentadoria.

Atenção!

Os riscos atuariais (quando os participantes e aposentados vivem mais do que a expectativa de vida utilizada na apuração das obrigações do fundo, por exemplo) e os riscos financeiros (perdas em aplicações) são divididos entre o patrocinador, participantes e aposentados. Na prática, o que ocorre é que, quando há superávit, ou seja, o patrimônio supera as obrigações do fundo, é possível aumentar o valor do benefício e pagar as contribuições futuras. No entanto, no caso de déficit, tanto o patrocinador, quanto os participantes e aposentados deverão realizar contribuições adicionais na proporção contributiva até que o déficit seja eliminado. Por isso a importância de acompanhar de perto a gestão do plano.

O responsável pela estratégia dos investimentos definida pelo fundo é o gestor.

Note que o gestor não é a empresa patrocinadora do fundo, ou seja, a empresa na qual você trabalha e que patrocina os benefícios aos seus empregados.

O gestor é um profissional ou uma equipe de técnicos contratados pelo fundo de pensão para gerir o patrimônio do fundo, a fim de que esse cresça ao longo do tempo e seja suficiente para pagar a aposentadoria dos participantes (você e seus colegas de trabalho). Esse gestor, ou essa equipe de gestores, pode ser interno ou terceirizado ou uma combinação dos dois modelos.

As decisões relativas aos mercados em que se vai investir podem ser tomadas isoladamente pelo gestor ou passar por um conselho que aprovará ou rejeitará as opções de investimentos indicadas pelo gestor.

Esse é um aspecto muito importante: você deve acompanhar periodicamente os investimentos que estão sendo realizados com o seu dinheiro. Só o sucesso dessas aplicações garantirá que você tenha a complementação de sua renda depois de aposentado. Portanto, fiscalize sempre.

Para acompanhar e fiscalizar os investimentos que estão sendo feitos no fundo de pensão, são necessários alguns cuidados.

1. Conheça primeiro a PREVIC, que pode ser uma grande aliada nesta empreitada. A Superintendência Nacional de Previdência Complementar (PREVIC), entidade vinculada ao Ministério da Previdência, é a responsável pela fiscalização e supervisão das entidades fechadas de previdência (os fundos de pensão).

É a PREVIC quem zela pelo cumprimento das metas estabelecidas pelo fundo de pensão. Os técnicos da PREVIC querem, principalmente, certificar-se de que as aplicações feitas pelos gestores estão de acordo com as normas estabelecidas pelo Conselho Monetário Nacionl (CMN) e seguem as melhores práticas em investimento.

Eles também avaliam a solvência do fundo e, se enxergam motivos para duvidar dessa solvência, podem optar pela intervenção no fundo.

Para os fundos que não se mostrarem capazes de cumprir com as suas obrigações futuras, os técnicos da PREVIC em geral solicitam recursos complementares da patrocinadora, dos próprios participantes e aposentados para cobrir o déficit atuarial. Na prática, isso significa que o participante deverá aumentar suas contribuições ao fundo ou verá seu benefício reduzido no futuro.

Procure a PREVIC sempre que desconfiar dos investimentos que constam na carteira do fundo. Os gestores são obrigados a lhe prestar essa informação periodicamente e, caso se neguem, você também deve comunicar à PREVIC.

2. Acompanhar o desempenho não significa ficar pulando de uma carteira para outra a cada oscilação da rentabilidade do fundo. Oscilações são normais em carteiras de longo prazo e fique atento aos fundos que não apresentam essas oscilações. Os ativos da carteira podem estar sendo contabilizados erroneamente.

No entanto, é importante saber do seu gestor de onde veio a queda e também a alta das suas aplicações. Algum investimento específico que provocou a queda ou a alta? Ou foi a conjuntura dos mercados? Você precisa saber e o seu gestor é obrigado por lei a explicar.

3. Compare. Mas compare corretamente. Compare laranja com laranja, banana com banana. Ocorre com uma certa frequência de participantes ficarem incomodados por ver suas aplicações no fundo de pensão rendendo menos do que outros produtos do mercado, em especial fundos multimercados. Cuidado. Você pode estar comparando coisas incomparáveis, ou seja, o fundo pode estar exposto a riscos maiores para os quais você pode não estar preparado.

Déficit atuarial

O termo é utilizado quando os ativos financeiros que formam o patrimônio do fundo são incapazes de garantir o pagamento dos benefícios dos participantes.

A maior vantagem para participar de um fundo de pensão é que, em geral, a empresa patrocinadora também faz contribuições para a sua aposentadoria e, claro, o tratamento tributário.

O participante de um fundo de pensão pode deduzir até 12% de sua renda tributável. Já a empresa que decidir contribuir em favor de seu funcionário pode descontar até 20% da folha de pagamento bruta anual.

Outra vantagem desse modelo é que, na maior parte das vezes, a empresa em que você trabalha também irá colaborar para a formação do capital que servirá de renda no futuro.

A contribuição patronal costuma ser, em grande parte dos casos, paritária. Ou seja, para cada real investido pelo trabalhador, o patrão faz um aporte igual. Na prática, então, você tem na partida um ganho de 100% de suas aplicações.

A adesão aos fundos de pensão não é compulsória, mas os especialistas são unânimes em eleger esse veículo como um dos caminhos mais eficientes para levar seu dinheiro para o futuro.

Mais um ponto a favor: mesmo quando a gestão do fundo é terceirizada, você tem acesso a fundos com taxas de administração inferiores às que teria de pagar caso investisse por meio de fundos de ações ou de renda fixa ou de planos abertos de previdência privada.

Enfim, você passa a fazer parte de um grupo que tem o mesmo objetivo de investimento, realiza contribuições regulares e sinaliza um horizonte de longo prazo para as aplicações. Juntos, esses ingredientes podem render bons frutos no processo de acumulação de capital para a sua aposentadoria.

Para o investidor menos disciplinado, então, as vantagens aumentam. Isso porque a contribuição que faz mensalmente para o fundo de pensão já é descontada todo mês do salário. Ou seja, o dinheiro é aplicado antes de chegar às mãos do trabalhador.

O rendimento das aplicações financeiras realizadas pelos gestores desses fundos também está livre do Imposto de Renda. Dessa forma, há um ganho potencial maior de suas aplicações em relação a fundos de renda fixa que não são destinados à aposentadoria, nos quais os ganhos são tributados periodicamente.

Quais as desvantagens dessa forma de previdência?

É um investimento de baixa liquidez.

Esse não é um problema grave, desde que você observe que suas contribuições para um fundo de pensão se destinam necessariamente para os seus anos de aposentadoria – pois essa não é uma aplicação da qual se pode dispor a qualquer momento. Só é possível resgatar os recursos do fundo com antecedência quando você se desliga ou é demitido da empresa em que trabalha, a patrocinadora do fundo.

Nesse caso, existe a opção de resgatar ou de transferir seus recursos para outro fundo de previdência privada.

Note que, se você optar pelo resgate, será tributado, mas se escolher manter a aplicação em outro fundo de previdência, continuará a contar com o benefício fiscal.

Outro ponto a considerar, em especial no que diz respeito aos fundos de pensão que ainda trabalham com planos de benefício definido: há o risco de insolvência do plano e isso será pago por você. Por isso, é preciso ficar atento às informações periódicas do fundo.

O que fazer quando desconfio de um investimento que consta na carteira do fundo?

Avise à PREVIC e à empresa patrocinadora.

A PREVIC é a responsável pela fiscalização e supervisão desse mercado e tem de ser avisada se algo estiver errado. Se todos os participantes cuidarem de também fiscalizar os seus planos, os olhos dessa entidade se multiplicam pelo mercado, que passa a contar com a ajuda valiosa de todos aqueles que têm seus recursos aplicados nos fundos de pensão.

Portanto, sempre que algum investimento que constar na carteira do fundo o incomodar, seja porque você não o compreende, seja porque o emissor do título ou a ação da empresa parecem de muito risco, questione a sua entidade. Não tenha medo ou vergonha de perguntar quantas vezes forem necessárias até que se sinta confortável com a resposta.

Se a resposta não o convencer ou, pior, se não houver resposta, comunique à PREVIC.

Qual a minha garantia de que o fundo não irá quebrar?

Nenhuma. Por isso é tão importante acompanhar o índice de solvência do fundo.

Tudo sairá como combinado se, ao longo desses muitos anos de acumulação dos recursos, a solvência do fundo estiver preservada.

Para fazer esse acompanhamento, tenha sempre em mira o parâmetro mais sensível, o chamado índice de solvência, que mostrará se há recursos suficientes para cumprir as obrigações do fundo. É a medida que mostra se o fundo de pensão será capaz de pagar os benefícios prometidos aos participantes.

O índice ou razão de solvência é a relação entre o valor total do ativo e do passivo do fundo de pensão. É esse índice que pontua a saúde financeira do fundo, ou seja, indica se os ativos são suficientes para fazer frente aos passivos.

O ativo é o conjunto de investimentos contabilizados na carteira, enquanto o passivo é constituído pelas obrigações atuais e futuras do fundo. Os principais itens do passivo são os benefícios concedidos (que já estão sendo pagos) e os a conceder (programados para o futuro) trazidos a valor presente.

A razão de solvência é determinada pelo quociente entre ativo e passivo do fundo. Quando o quociente é maior do que 1, significa que a situação financeira do fundo é confortável. Caso contrário, um sinal de alerta deve acender. Para os especialistas, qualquer valor abaixo de 0,75 é considerado altamente preocupante.

Fique sempre de olho no índice de solvência do fundo. Essa é uma informação que você poderá obter sempre que o fundo publicar o balanço de suas demonstrações financeiras.

É extremamente importante também que você acompanhe a precificação dos ativos que estão na carteira. Parece difícil? Nem tanto.

Esse jargão do mundo financeiro significa saber quanto custa cada bem, ou seja, título, ação, imóvel, enfim, todos os investimentos que constam na carteira e que devem ser contabilizados pelo seu real valor, o preço que estão sendo negociados no mercado efetivamente.

Relatórios

Não parece ser a mais divertida das leituras, e não é de fato. Mas é fundamental que você leia sempre o Relatório Anual do seu plano. É lá que você encontrará as informações que permitem análise clara e precisa da situação patrimonial, da estratégia e dos resultados de investimentos, das despesas administrativas e da situação atuarial do plano de benefícios. São grandes as chances de você encontrar termos que desconhece. Nesse caso, não hesite em procurar a entidade que administra seu plano ou o RH de sua empresa para que sejam esclarecidas todas as dúvidas que ficaram ao ler o relatório.

É hora de se reinventar: os desafios dos fundos de pensão

Nos últimos anos, o ambiente de atuação e o público ao qual se destinam os fundos de pensão vêm passando por profundas e rápidas transformações. Os fundos de pensão, por sua vez, estão tentando acompanhar essas transformações, mas ainda mostram uma intensidade de adaptação aquém do necessário. Esse cenário é verificado em muitos países, com diferentes níveis de defasagem. No Brasil, estamos provavelmente na liderança dessa inadequação, dada a velocidade com que a pirâmide etária vem se invertendo e o mercado de trabalho vem se tornando mais volátil.

O rápido envelhecimento da população desafia a sustentabilidade de planos de previdência com benefício definido (BD) e renda vitalícia, em um contexto de mercado com menor taxa de juros real estrutural, exigindo maior nível de risco. Essa combinação leva à maior probabilidade de ocorrência de déficits atuariais, que oneram patrocinadoras e participantes. Para mitigar esse risco, as patrocinadoras têm fechado esses planos de benefício definido para novos participantes, oferecido apenas novos planos de contribuição definida (CD) e promovido a migração voluntária dos participantes existentes nos planos BD para planos CD. Com isso, a proporção de planos CD na massa de recursos geridos pelas entidades fechadas de previdência complementar vem crescendo rapidamente.

Por outro lado, os trabalhadores mais jovens já não valorizam a estabilidade no emprego. E muitos, por falta de conhecimento e de educação financeira, ignoram a necessidade de poupar via um plano de previdência, mesmo quando o empregador contribui com um valor igual ao seu para a formação do patrimônio.

Nesse cenário, acumulam-se, para os fundos de pensão, os desafios de ampliar a base de planos de contribuição definida e oxigenar o seu público, fomentando a adesão de participantes mais jovens – e até aumentando a sua base de participantes, por meio dos planos-família, que permitem que parentes dos participantes também tenham acesso a um plano de previdência gerido pela mesma entidade.

Esse processo de ampliação dos planos de contribuição definida embute o aumento da concorrência com o mercado. O participante já não tem nesse caso a certeza do mutualismo e da renda vitalícia (e apenas percebe a fragilidade dessa certeza quando são exigidas contribuições extraordinárias para os planos de equacionamento de déficit), mas sua renda agora depende da rentabilidade da sua reserva pessoal. Assim, ele passa a comparar a performance do seu plano com a dos fundos de investimento do mercado. Em outras palavras, passa a ser um cliente muito mais atento e exigente. E, dependendo das condições previstas no regulamento do seu plano, tem maior propensão a exercer portabilidade para planos de previdência aberta ou fundos de mercado. Daí a necessidade de estruturar um trabalho de retenção, com pessoal técnico preparado para ativamente demonstrar as vantagens de permanecer na instituição. Percebemos essa necessidade na prática na

Vivest e temos tido sucesso na retenção de boa parte dos pedidos de portabilidade, uma vez que muitas vezes essas decisões são tomadas com carência de informações adequadas. Mas isso exige preparação e dedicação.

A reboque da maior exigência e comparação por parte dos participantes, vem a necessidade de muita comunicação – rápida, direta, sob medida. É preciso dar ao participante não apenas novas formas de acessar informação, mas também abastecê-lo com conteúdo relevante sobre a performance passada dos investimentos, a tendência para os meses posteriores, comparativos com *benchmarks* de mercado e outras tantas informações.

E mais: como muitos participantes estavam acostumados com a renda vitalícia e migraram para os planos CD, é necessário um amplo trabalho das entidades de previdência na conscientização dos participantes sobre a importância de acompanhar o comportamento da sua reserva, ajustando a renda nos períodos de revisão, caso seja necessário, a fim de não consumir a reserva rapidamente. E nesse processo de aculturamento as palavras-chave são informação e apoio. Com campanhas e consultoria personalizada, temos conseguido importantes avanços nessa nova realidade.

Com relação à necessidade de atração do público mais jovem, não basta o esforço de mostrar a importância da formação de poupança para o futuro, a vantagem tão evidente da contribuição patronal para complementar a formação do patrimônio ou mesmo a possibilidade de abatimento no Imposto de Renda. É preciso criar produtos mais adequados ao perfil desse público, por exemplo com possibilidade de monetização em prazos mais curtos. Os planos instituídos por fundos de pensão fechados sem objetivo de lucro e sem patrocínio, permitem essa flexibilidade, com rentabilidade atraente, dada a taxa de administração bem menor que a dos planos de previdência aberta.

Nesse sentido, criamos um plano instituído destinado principalmente aos familiares dos nossos participantes que vem cumprindo esse papel, o que vem ocorrendo também em outras entidades fechadas. Mas existe uma possibilidade de abrangência muito maior: a criação de planos instituídos setoriais, que podem ser oferecidos a empregados dos parceiros de negócio das entidades fechadas de previdência complementar, com grande potencial de crescimento no longo prazo. Nesse caso, entre tantos desafios enfrentados pela entidade instituidora, estão a necessidade de se adaptar ao mercado de varejo e à comercialização, transpondo a falta de educação financeira da população.

Os fundos de pensão por décadas se relacionaram apenas com empresas patrocinadoras e o público cativo, oriundo dessas instituições. A comercialização num fundo de previdência instituído requer a estruturação de uma equipe de vendas, treinada para falar com o cliente. Aliás, é importante que toda a entidade de previdência passe por uma renovação cultural, com o objetivo de fortalecer a visão de cliente, em contraposição à visão de processos e produto, voltada para dentro, ainda hoje predominante. E mudança cultural, como se sabe, demora e é difícil.

Mas, de pouco vale todo esse esforço para buscar um público mais jovem que oxigene o perfil etário dos planos se não houver maior ampliação e enraizamento da educação financeira na população. O brasileiro é muito carente dessa base de conhecimento, mas é bombardeado por notícias e comentários nem sempre responsáveis e muitas vezes investe sem informação adequada, importando modas do exterior, com muito pouco filtro. Há ainda uma perigosa tendência à autossuficiência (semelhante à automedicação) nas decisões de investimento, desprezando a busca por informação e apoio profissionais.

Nesse campo, também temos dado uma pequena contribuição, investindo regularmente em programas de educação financeira. E o importante é que não há um único caminho. É fundamental lançar mão dos mais diversos formatos e canais a fim de atingir a maior base possível de participantes – desde vídeos de entrevistas com experientes profissionais da entidade, passando por palestras, cartilhas, até dicas curtas e visuais nas redes sociais. Um mix de opções, mas sempre com uma diretriz importante: tratar os assuntos técnicos com rigor, mas com o maior grau possível de objetividade e leveza. A comunicação eficaz depende de repetição para sedimentar a informação. Por isso, optamos por perenizar essa iniciativa, mas tentando inovar os formatos e utilizar vários meios de acesso aos participantes – e, se possível, chegar também ao público fora de nossa base, num compromisso com a sociedade, pois acreditamos que bem-estar e futuro seguro passam necessariamente pela educação financeira e pela previdência.

WALTER MENDES

Presidente da Vivest – www.vivest.com.br

Capítulo 9
Um plano de saúde para chamar de seu

As formas clássicas de renda para a aposentadoria ainda hoje não consideram o plano de saúde. No entanto, este é um item importantíssimo quando você estiver planejando sua aposentadoria. Um plano de saúde que lhe dê a segurança de ser tratado em bons hospitais, com bons médicos, custa muito caro. Daí a importância de fazer um gerenciamento do risco de saúde.

Não há planejamento único, e talvez você precise montar um mosaico de soluções para conseguir ter uma cobertura de saúde por toda a sua vida.

Além de financiar o próprio plano, não é raro encontrar aposentados custeando planos de filhos e netos. Então, mesmo que você possa pagar agora ou nos próximos dois ou três anos, é bastante provável que não conseguirá ir adiante no médio e, principalmente, longo prazo.

Por isso, é urgente realizar uma gestão de risco de saúde, que inclui seguro de doenças graves (DG), planos de previdência e escolha de local de moradia na maturidade, dando preferência a locais onde a saúde pública é de alto nível (sim, eles existem até mesmo no Brasil) e a saúde complementar tenha custos mais acessíveis.

Custear a saúde não é um problema específico dos brasileiros, tanto que há um movimento global de aposentados se mudando para países em que a saúde pública seja de boa qualidade.

No Brasil, o preço de um plano que inclua os hospitais de primeira linha pode ultrapassar os 5 mil reais. A despesa para um casal poderá chegar a mais de 10 mil. Logo, a renda que você precisará ter para conseguir pagar esse plano será de, no mínimo, duas vezes mais o valor dele. Ou seja, certamente, vai ficar difícil mantê-lo No mínimo, duas vezes mais. Ou seja, vai ficar difícil manter esse plano. O mais provável é que você não conseguirá manter o mesmo padrão de plano de saúde, mas poderá fazer um gerenciamento dessa conta. Buscar um plano que tenha bons hospitais, mas que não sejam necessariamente os de primeira linha, poderá baratear o preço do plano.

Mudar de cidade ou, até mesmo, de país é outra opção. Se morar em Portugal, e alguns brasileiros já estão fazendo isso, o custo do seguro saúde pode cair para 100 euros mensais, ou até menos, para um aposentado de 60 anos.

No Brasil, se você se aposenta e contribuiu com uma parcela fixa paga mensalmente no custeio do plano de saúde da empresa em que trabalhou, tem direito a ficar no plano, mesmo depois de aposentado, na proporção do tempo que pagou. Se pagou mais de dez anos, o direito é vitalício. Mas, nesse caso, é você quem assume o custo da parte que era paga pela empresa.

Enfim, esse será o principal item de suas despesas depois de aposentado. O custo de saúde, tanto de planos como de medicamentos, cresce na mesma proporção dos avanços da Medicina. Remédios, exames e os mais diversos procedimentos têm hoje tecnologia de ponta, mas custam caro. Muito caro. Por isso, atenção!

São vários os equívocos quando o assunto é plano de saúde na aposentadoria. Muitos ainda acreditam que poderão permanecer com o plano dado pela empresa depois de aposentado. Não é bem assim, por isso vale a pena procurar saber com muita antecedência qual será o seu caso para começar a montar uma estratégia de como financiar esses custos depois de aposentado.

Planos de previdência fazem bem para a saúde

Um VGBL com tributação progressiva, aquela que segue a tabela do Imposto de Renda e com a qual você poderá abater as despesas com plano de saúde, é um santo remédio para que seu patrimônio e suas aplicações sobrevivam a custos de um tratamento inesperado, por exemplo. Dessa aplicação, virá os recursos para pagar seu plano de saúde depois de aposentado, quando a empresa não arcar mais com esse custo.

Então, mesmo que você não precise pagar um plano de saúde hoje, comece a pagar já o plano de saúde que você usará no futuro com essa aplicação. Sairá mais barato e mais seguro. Pode apostar!

E aqui não estamos falando de aposentadoria. Para aposentadoria, você também vai usar um plano de previdência, mas precisa observar primeiro seu perfil fiscal para escolher o modelo que melhor se encaixa às suas necessidades, como já falamos nos capítulos anteriores.

Doenças graves

Outra providência que ajudará bastante seu orçamento hoje e no futuro é contratar um seguro DG (Doenças Graves) que custa bem menos que um plano de saúde. Ele possibilita que você administre melhor seu plano de saúde e que possa escolher planos mais em conta, com uma rede sem os hospitais de primeira linha e de preços melhores porque, em caso de alguma intercorrência grave, esse seguro cobrirá os custos no valor de cobertura que consta na apólice e você escolherá os hospitais que quiser. Enfim, dada a escalada de preços nos planos de saúde, uma gestão de risco é necessária para que seu orçamento não naufrague no mar das despesas médicas e hospitalares.

Fazer um *checkup* de seu orçamento periodicamente é desejável e necessário. Assim como investimentos, o orçamento é único. Ele é o começo de tudo. Sem um orçamento, as despesas, os investimentos, as dívidas, ficam no campo das ideias e costumam dar problemas.

É no orçamento que começam os investimentos e o planejamento financeiro que vai apontar onde viver e trabalhar, por exemplo.

No Brasil, um dos principais itens nas contas pessoais e, arrisco a dizer, o mais pesado, já é o plano de saúde, e seu peso pode triplicar na aposentadoria.

Já em outros países, ele pode pesar mais ou menos.

Por exemplo, a Costa Rica tem um custo de saúde muito baixo e serviços públicos de boa qualidade, razão pela qual tem levado muitos estrangeiros a fixar residência na América Central.

Porém, é sempre bom lembrar: o maior investimento na sua saúde é prevenção e hábitos que vão contribuir para reduzir muito seus custos com saúde. Além disso, o que é ainda mais importante, vai melhorar sua qualidade de vida.

Quais são os principais riscos?

Sedentarismo, tabagismo e depressão vão drenar sua saúde e finanças durante toda a sua vida, mas na aposentadoria o impacto é ainda mais terrível.

Sempre disse que o maior inimigo no investimento para a aposentadoria era a inflação. De fato, é, mas maior do que o impacto da taxa de inflação no longo prazo é a destruição causada pelo fumo no seu bem-estar. Uma ampla pesquisa feita por três órgãos americanos, com pessoas a partir de 50 anos, investiga a vida depois da aposentadoria.

Os pesquisadores analisam aspectos como saúde, finanças, relacionamentos etc. Um ponto que chama atenção na pesquisa é o impacto do fumo na saúde e principalmente a falta de informação dos fumantes. Os males causados pelo tabagismo levarão você a gastar mais com saúde e ter menos chance de continuar trabalhando em atividades de meio período para complementar sua aposentadoria.

A imprensa costuma cobrir o tema saúde com uma certa regularidade, principalmente com foco em prevenção. Há alguns anos, uma matéria de capa da revista americana *SmartMoney* (que foi incorporada pelo site *MarketWatch*) tratou de longevidade e saúde e fez uma relação de hábitos que são verdadeiros investimentos:

1. Coma pouco: estudos mostram que as pessoas que comem menos tendem a viver mais; em alguns casos, até 50% mais do que os que comem mais.

2. Mantenha seu cérebro ativo: a educação tem uma forte relação com vida longa. Um estudo da Columbia mostrou que 1 ano a mais de estudos pode aumentar a expectativa de vida dos americanos em 1,5 ano. Estudar evita principalmente o Alzheimer.
3. Faça exercícios: essa recomendação aparece em muitos estudos sobre envelhecimento. Segundo um estudo da *Aliance for Aging Research*, mesmo exercícios moderados fazem uma enorme diferença. Já outros estudos dizem que um adulto que caminha apenas 30 minutos por dia adiciona mais de um ano em sua vida. Um estudo com homens mais velhos reportou que exercícios regulares podem reduzir o risco de morte antes dos 90 anos em 20 a 30%.
4. Relaxe: o estresse é um grande inimigo porque provoca aumento na pressão sanguínea. Um estudo com 3 mil pessoas mostrou que aquelas que mantinham a pressão normal viveram mais cinco anos.
5. Tome banho de sol: a vitamina D, que é naturalmente produzida no corpo quando você fica exposto ao sol, é muito recomendada. Um estudo com 60 mil pessoas mostrou que quem tomou vitamina D reduziu em 7% o risco de morte.
6. Beba vinho: resveratrol é um antioxidante poderoso e encontrado no vinho.

Eu acho que na lista faltou: Não fume!!!

Capítulo 10
Comece já

O mundo atualmente é dos sem-idade ou *ageless*. Por isso, mesmo que você não tenha começado cedo a se preparar para a aposentadoria como recomendam 100% dos planejadores financeiros, não desanime, porque ainda há tempo. É melhor começar cedo, sem dúvida, e neste livro você viu as vantagens. Mas eu digo que é melhor começar tarde do que não começar nunca. Portanto, comece já.

Um erro comum para adiarmos o programa de investimento é acharmos que não temos dinheiro suficiente para investir. Quando o tema é aposentadoria, soma-se outro erro ainda mais grave: achar que a aposentadoria está longe demais e que ainda é cedo para pensar no assunto. Ou, para quem já passou dos 40, de que é tarde demais. Evite essas armadilhas e, repito, comece já.

Uma pergunta recorrente para quem começa a pensar no assunto é: mas quanto é suficiente?

A pergunta não tem uma resposta trivial, mas merece algumas horas do seu tempo para reflexão. Não se aflija. Provavelmente esse número vai mudar diversas vezes, mas vai ajudar bastante a dimensionar o tamanho do total de recursos que precisará acumular para financiar seus gastos depois de aposentado.

Há muitos fatores que você deve considerar, mas fique especialmente atento às despesas com saúde como vimos no capítulo anterior. Especialistas estão cada vez mais convergindo para a ideia de que esse será o calcanhar de aquiles do aposentado do século 21. Há várias planilhas e simulações na internet que tentam projetar esse número.

Observe, contudo, que você simplesmente não pode passar uma vida inteira apenas economizando para gastar durante a aposentadoria. Portanto, seja pragmático:

- considere continuar trabalhando ao menos por meio período mesmo depois de chegar à idade compulsória para a aposentadoria;
- procure sempre o equilíbrio, dessa forma você conseguirá manter seu plano de investimento no longo prazo. Exageros nos aportes podem fazer com que você fraqueje ao longo do percurso.
- lembre-se de que é melhor aplicar pouco e sempre do que ter de resgatar no meio do caminho. Isso cortaria um dos principais ingredientes dos investimentos de longo prazo, os juros compostos, juros sobre juros, que criam o efeito bola de neve.

Ao estimar um volume de recursos como meta de acumulação, você vai calibrando suas aplicações em seu plano de investimento. Periodicamente analise sua carteira, veja se você está conseguindo bater as metas estipuladas e, se estiver muito fora de seu caminho, ajuste a rota, ajustando os aportes ou perseguindo um retorno maior para sua carteira. O importante é verificar periodicamente suas aplicações.

Mas atenção: isso não significa ficar pulando de uma aplicação para outra a qualquer baixa ou euforia do mercado. Seja racional, embora todos saibamos o quanto é difícil ser racional com dinheiro. Você precisa deixar duas emoções de lado: o medo e a ganância, as principais fontes de insucesso de qualquer investidor.

Independência financeira

A melhor tradução para aposentadoria no século da revolução da longevidade é: independência financeira. Uma conta aceita internacionalmente para definir independência financeira diz que é necessário ter uma liquidez equivalente a 200 vezes o que você gasta por mês. Se você tem um salário de 10 mil reais, precisará, portanto, acumular o equivalente a 2 milhões de reais para se considerar alforriado de sua carteira de trabalho.

Você não poderá sair gastando dinheiro sem se planejar, isso realmente é para bem poucos. No entanto, terá conquistado sua independência financeira e poderá escolher com bastante tranquilidade o que quer fazer. Portanto, avalie com calma e seja muito pragmático na hora de traçar suas estratégias de consumo e investimento.

Parece impossível? Refletir sobre as razões que o levam a fazer suas aplicações, ou seja, seus objetivos de investimento, vai fazer toda a diferença entre o seu sucesso ou fracasso, e talvez você se surpreenda e descubra que já está quase lá quando o assunto é independência financeira. Quer apostar? Então responda:

1. **Quanto você precisaria ter de renda mensal se fizesse uma limpeza nos seus gastos fixos?**
   Observe que não estou falando em economizar. Estou simplesmente chamando atenção para o que ativistas ambientais nos lembram diariamente, viver com o suficiente, sem desperdícios. Ao reduzir seus custos fixos, você facilita o trabalho porque precisará acumular menos para viver bem e sobrará mais para investir. Aritmética pura e simples.

2. **Quanto vale o carro que você tem na garagem?**
   Não fique restrito à tabela de preços de automóveis. Lembre-se de que você precisa sempre pensar no valor futuro do dinheiro. Vamos lá, só como exemplo, um carro de 60 mil reais pode, na verdade, estar escondendo 200 mil reais em menos de dez anos. As taxas de juros no Brasil ainda estão altas e, ao vender o carro e aplicar o dinheiro, você terá um ganho. Já mantendo o veículo, você terá depreciação e despesas. Reflita. Só você sabe a resposta do que é melhor. Mas pense antes de responder.

3. **Quanto renderia uma aplicação automática em dez anos?**
   O maior inimigo do investidor é a procrastinação. Para combatê-lo estão aí as aplicações automáticas que saem da sua conta antes mesmo de você perceber que é dia de pagamento. Uma aplicação de

mil reais mensais em um título prefixado lhe daria cerca de 100 mil em seis anos (simulação feita no site do Tesouro Direto).

Posso trabalhar aos 80 anos?

Esqueça a idade, é a saúde que dirá se você pode continuar trabalhando. Pesquisas relacionando educação com longevidade e maior bem-estar na aposentadoria têm sido publicadas com uma certa frequência. O capital "saúde" tem um forte impacto na riqueza depois da aposentadoria, e a educação é um ingrediente relevante para acumular o capital "saúde", segundo uma pesquisa dos professores James M. Poterba (MIT), Steven F. Venti (Dartmouth College) e David A. Wise (Harvard Kennedy School).

Cada vez mais os brasileiros estão utilizando os planos de previdência como PGBL e VGBL para iniciar uma segunda carreira e não para resgatar benefícios durante a aposentadoria. Ou seja, os recursos acumulados deixam de servir de lastro para complementar o benefício para a aposentadoria e são utilizados para investir num negócio próprio. Se é esse seu caso, lembre-se de que dinheiro não é tudo na hora de empreender e fique atento a algumas recomendações de analistas que devem complementar o processo de acumulação de capital:

1. **Faça um plano de negócios e o refaça quantas vezes for necessário antes de resgatar seus recursos para investir na sua empresa.**
2. **Converse muito com empresários que já estão no ramo.**

3. **Fique atento às histórias das adversidades encontradas pelo caminho.**
4. **Seja muito conservador na hora de projetar o fluxo de caixa.**
5. **Leia bastante sobre experiências de quem conseguiu ter sucesso nessa empreitada.**

Investir durante a aposentadoria é de longe mais complicado do que investir para a aposentadoria.

No livro *You've Lost It, Now What?*, o jornalista Jonathan Clements, que já foi colunista do *The Wall Street Journal*, jornal americano de economia e finanças, alerta para uma questão extremamente relevante durante a aposentadoria: sua carteira de investimento.

Veja bem, não estamos falando de juntar dinheiro para a aposentadoria, mas fundamentalmente de como investir esse dinheiro durante a fase em que você começará a sacar esses recursos. É uma tarefa complexa, principalmente com o aumento da expectativa de vida, pois você terá de fazer uma equação que lhe permita ter uma renda mensal, mas também manter suas aplicações com um rendimento que garanta o crescimento de suas reservas.

Quando está na fase de acumulação da aposentadoria, você guarda quanto pode e tenta obter retornos decentes em suas aplicações. No entanto, mesmo quando nem tudo sai como você planejou, o drama não é tão grande, pois afinal seu padrão de vida depende fundamentalmente do salário que você recebe.

Mas, quando estiver aposentado, se cometer erros graves com suas aplicações, isso poderá implicar até mesmo uma mudança de padrão de vida, pois significará que houve uma redução de seus recursos, e você simplesmente terá de rever suas retiradas mensais.

Enfim, cometer erros com suas aplicações financeiras depois de aposentado poderá deixá-lo com sérios problemas para o resto da vida. Assim, se você precisa acertar mais do que errar para ser um investidor de sucesso, quando está aposentado sua margem para erros se estreita bastante. Portanto, atenção e muito cuidado com promessas de retornos mirabolantes. Esse não é um caminho confiável para obter bons resultados com suas aplicações. O melhor é optar por investimentos que você conheça, que tenham transparência e informações confiáveis. Embarcar em aventuras financeiras nessa fase da vida definitivamente não é uma boa opção, por mais tentador que lhe pareça o prêmio.

E lembre-se: conheça sempre o risco a que está exposto antes de fazer uma aplicação e veja o que acontecerá com sua vida financeira caso os mercados se movimentem contra suas previsões e você tenha de amargar perdas.

Há muito mais a falar sobre aposentadoria e envelhecimento do que sonha a nossa vã filosofia. Por isso, damos aqui o pontapé inicial. E você pode e deve continuar se informando sobre o tema. Você conhece o MyNews Vida e Previdência? É um canal específico para acompanhar a cobertura sobre o tema (https://www.youtube.com/@MyNewsPrevidencia).

O aumento da expectativa de vida está provocando uma verdadeira revolução de comportamento, e você terá de refletir sobre seu relacionamento: familiar, amoroso e profissional. A longevidade e seu impacto já ultrapassam o debate sobre investimentos.

Há alguns anos, uma matéria de página inteira no jornal inglês *Financial Times* mostrava que a revolução prateada já tinha chegado às passarelas. Os grandes nomes da moda, como Marc Jacobs, começaram a requisitar mulheres mais velhas para suas coleções. As grifes costumavam ser obcecadas pela juventude, mas agora estão percebendo que seus clientes são pessoas nos seus 40 anos, dizia a matéria do FT.

O grande jornal americano *New York Times* também cobre o tema da longevidade, e em uma dessas matérias chamou atenção para as belas mulheres mais velhas. O artigo focava nas mulheres francesas que envelhecem sem perder o estilo e a beleza. Dizia a matéria que o segredo é manter os cuidados, principalmente com a pele (não fumar e usar bloqueador solar), e não recorrer a plásticas excessivas para "parecer" jovem. Ou seja, cada idade traz sua própria beleza, basta que você mantenha os cuidados com seu corpo e mente. Quando você tenta mudar isso, e, aos 60 anos briga para parecer ter 20, começam os problemas, não apenas físicos.

Citei apenas dois exemplos, mas é grande a quantidade de artigos que mostram a mudança de comportamento por conta do aumento da expectativa de vida.

Para fechar essa conversa, fiz um resumo bem básico do que considero essencial para ter dinheiro a vida toda e viver em plenitude.

No topo das minhas recomendações estão:

- **invista muito na sua saúde;**
- **não tenha dívidas;**
- **guarde algum dinheiro;**
- **avalie os custos e a tributação das aplicações, no longo prazo esses ingredientes fazem uma boa diferença;**
- **faça atividades físicas; caminhar é um santo remédio para muitos males da modernidade;**
- **cultive amigos de diferentes idades e aprenda com eles;**

- **mantenha sua mente ativa, invista em conhecimento e em atividades culturais.**

Não parece muito difícil, certo? E não é mesmo.

Referências bibliográficas

ARIELY, Dan; KREISLER, Jeff. *A psicologia do dinheiro*: como tomar decisões financeiras mais inteligentes. 2. ed. Rio de Janeiro: Sextante, 2023.

BOOTH, Wayne. *The Art of Growing Older*: writers on living and aging. The University of Chicago Press, 1996.

CLEMENTS, Jonathan. *You've Lost It, Now What?* How to beat the bear market and still retire on time. Portfolio, 2003.

FERREIRA, Vera Rita Mello. *Decisões econômicas*: você já parou para pensar? São Paulo: Évora, 2011.

FERREIRA, Vera Rita Mello. *A cabeça do investidor*: conheça suas emoções para investir melhor. São Paulo: Évora, 2011.

GARDNER, David & Tom. *The Motley Fool Investment Guide*. Third edition. Simon & Schuster, 2017.

GIAMBIAGI, Fabio; TAFNER, Paulo. *Demografia* – a ameaça invisível. Rio de Janeiro: Campus, 2010.

GIANNETTI, Eduardo. *O valor do amanhã*. São Paulo: Companhia das Letras, 2011.

GORDON, L. Clark; WHITESIDE, Noel. *Pension Security in the 21st Century*: redrawing the public-private debate. New York: Oxford University Press, 2003.

HOUSEL, Morgan. *A psicologia financeira*: lições atemporais sobre fortuna, ganância e felicidade. Rio de Janeiro: Harper Collins Brasil, 2021.

MADRIAN, Brigitte; MITCHELL, Olivia S; SOLDO, Beth J. *Redefining retirement*: how will boomers fare? Oxford University Press, 2007.

NESE, Arlete; GIAMBIAGI, Fabio. *Fundamentos da previdência complementar*: da administração à gestão de investimentos. São Paulo: Atlas, 2020.

SCHWARTSMAN, Alexandre. *Economia no cotidiano*: decifra-me ou te devoro. São Paulo: Contexto, 2020.

STRAUSS, Peter J; LEDERMAN, Nancy M. *The Complete Retirement Survival Guide*: everything you need to know to safeguard your money, your health, and your independence. Checkmark Books, 2003.

THALER, Richard H; SUNSTEIN, Cass R. Nudge: *Como tomar melhores decisões sobre saúde, dinheiro e felicidade*. Rio de Janeiro: Objetiva, 2019.

Coleção MyNews Explica

MyNews Explica Evangélicos na Política Brasileira – Magali Cunha
MyNews Explica Eleições Brasileiras – Luis Felipe Salomão e Daniel Vianna Vargas
MyNews Explica Budismo – Heródoto Barbeiro
MyNews Explica Pesquisas Eleitorais – Denilde Holzhacker
MyNews Explica a Rússia Face ao Ocidente – Paulo Visentini
MyNews Explica Sistema Imunológico e Vacinas – Gustavo Cabral
MyNews Explica Como Morar Legalmente nos Estados Unidos – Rodrigo Lins
MyNews Explica O Diabo – Edin Sued Abumanssur
MyNews Explica Buracos Negros – Thaísa Bergman
MyNews Explica Política nos EUA – Carlos Augusto Poggio

Próximos lançamentos

MyNews Explica Sistemas de Governo – Denilde Holzhacker
MyNews Explica Algoritmos – Nina da Hora
MyNews Explica Astronomia – Cássio Barbosa
MyNews Explica Interculturalidade – Welder Lancieri Marchini
MyNews Explica Liberalismo – Joel Pinheiro da Fonseca
MyNews Explica Fascismo – Leandro Gonçalves; Odilon Caldeira Neto
MyNews Explica Integralismo – Leandro Gonçalves; Odilon Caldeira Neto
MyNews Explica Comunismo e Socialismo – Rodrigo Prando
MyNews Explica Exoplanetas – Salvador Nogueira

MyNews Explica a Inflação – André Braz
MyNews Explica Relações Internacionais – Guilherme Casarões
MyNews Explica Nacionalismo x Globalização: a polarização do nosso tempo – Daniel Souza e Tanguy Baghadadi
MyNews Explica Estabilidade Mundial – Daniel Souza e Tanguy Baghadadi
MyNews Explica Mulheres na Política Brasileira – Manuela D'Avila
MyNews Explica HIV ou A Cura da AIDs – Roberto Diaz
MyNews Explica Comportamento e Saúde Financeira – Jairo Bouer
Mynews Explica Galáxias Distantes – Ricardo Ogando
MyNews Explica Negacionismo – Sabine Righetti e Estevão Gamba
Mynews Explica Democracia – Creomar Souza
MyNews Explica Trabalho e *Burnout* – Jairo Bouer

myNews explica!

Como ter dinheiro para a vida toda

Mara Luquet

70